幕末の天皇

藤田　覚

講談社学術文庫

目次

幕末の天皇

幕末の天皇

はじめに

戦国時代の群雄割拠を終焉《しゅうえん》させて天下統一を実現した英雄三人、織田《おだ》信長《のぶなが》、豊臣秀吉《とよとみひでよし》、徳《とく》川家康《がわいえやす》について、「織田がこね　豊臣がつきし天下餅　食らうは徳川」と言い表わされるのは有名である。

これをもじって明治維新の王政復古を三人の天皇、光格天皇《こうかくてんのう》、孝明天皇《こうめいてんのう》、明治天皇《めいじてんのう》で表現してみると、「光格がこね　孝明がつきし王政復古餅　食らうは明治」ということになろうか。

なかでも孝明天皇は、欧米諸国の外圧に直面し国家の岐路に立ったとき、頑固なまでに通商条約に反対し、鎖国攘夷を主張しつづけた。それにより、尊王攘夷《そんのうじょうい》、民族意識の膨大なエネルギーを吸収し、政治的カリスマとなった。もし、江戸幕府が求めたとおりに通商条約の締結を勅許《ちょっきょ》していたならば、その後の日本はかなり異なった道を歩んだのではなかろうか。

たとえば、反幕府運動、攘夷運動の高揚による幕府の崩壊とともに、幕府と一体化した天皇・朝廷もともに倒れ、その千数百年の歴史にピリオドを打つという事態も想定される。また、外圧に屈伏した幕府・朝廷に対する反幕府反朝廷運動と、攘夷運動の膨大なエネルギーの結集核が不在のため、長期に内戦状態が続き、植民地化の可能性はより高かったのではないか。

これもイフであるが、たとえば江戸時代中期の享保《きょうほう》ごろ（八代将軍徳川吉宗《よしむね》の時代）に、このような外圧に直面したならば、幕末の時のように天皇・朝廷は通商条約反対を貫くことができただろうか。おそらく無理であろう。そもそも、幕府が条約調印の許可を朝廷に求めるなどということもなかったろうし、外様大名《とざまだいみょう》や草莽《そうもう》の志士が、攘夷や反幕府運動のために天皇に依存するなどということもなかったであろう。なぜなら、天皇・朝廷はそれにふさわしい、それを担うことのできる政治的権威を身に着けていなかったからである。「掌中《しょうちゅう》の玉」として、天皇・朝廷を自己の主張や行動の正統性の獲得に利用するといっても、それにふさわしい権威を天皇・朝廷が身に着けていなければ利用しようがない。それでは、天皇・朝廷は、幕府からも反幕府勢力側からも依存されうる高度な政治的権威を、いついかにして身に着けていったのであろうか。そこのところを考えてみようというのが、本書の主要なテーマである。

そこで注目されるのが、十八世紀末に登場した光格天皇である。光格天皇は、さまざまな朝儀、神事の再興・復古をとおして朝権（朝廷の権威、権力）回復と神聖（性）強化に尽力し、神武《じんむ》天皇《てんのう》以来の皇統という意識、日本国の君主であるという意識を強くもった天皇であった。天照大神《あまてらすおおみかみ》につらなり神武天皇以来という皇統意識、それに裏打ちされた君主意識は、言いかえれば国体論的国家意識ともいうべきものだろう。

その皇統意識、君主意識は、孫の孝明天皇に引きつがれ、それを精神的バックボーンとして、開国・開港という未曾有《みぞう》の危機にあたり、頑固なまでに外国との通商条約に反対して鎖国攘夷を主張した。そのことにより幕府に対抗する勢力や民族主義的なエネルギーを結集し、幕末政治史の主役の一人に躍りでた。その経過を追うことにより、上のテーマに迫ってみたい。

ところが、現実政治が王政復古、倒幕へとどんどん進んでゆくなか、孝明天皇は孤立し政治の主役の座から引き下がらざるをえなかった。またその突然の死について、当時から毒殺説がささやかれ、その死後に、王政復古、倒幕への歩み、江戸時代の終焉が急ピッチに進められた。なぜ、孤立せざるをえなかったのか、またなぜ毒殺説がささやかれたのかについて、あくまでも「江戸時代の天皇の枠組み」に固執した天皇の限界、言いかえれば「江戸時代の天皇の枠組み」とは何かという点から考えてみようというのが、いまひとつのテーマである。

幕末維新史でも、天皇・朝廷は「掌中の玉」として、さまざまな政治勢力から利用される存在として描かれてきた。政治的に利用されるのが本質だ、という議論すらあるほどである。たしかにその側面が強いことは事実であるが、天皇・朝廷勢力もただ利用されていただけというようなきれいごとばかりではなく、かれらも朝権回復のため主体的に、執拗な努力を積みかさねてきたのである。

また、江戸時代の天皇から近代の天皇へスムーズに移行したかのようにみえるが、その過程は、千数百年の歴史を誇る天皇・朝廷の存続自体が否定されかねない、深刻な危機をはらんだドラマチックなものであり、彼らの薄氷を踏むような、綱渡り的な「闘い」の連続だった。近代天皇制は、十八世紀末から約八十年間の天皇・朝廷の「闘い」の結果でもあったのである。天皇・朝廷を主人公、主語にして、その約八十年間の歴史を描いてみたい。

第一章　江戸時代の天皇

1　幕藩権力と正統性

歴代将軍は天皇に任じられる

ある試験の採点を手伝ったことがある。その出題は、江戸時代前期の幕府と朝廷の関係を考えさせる問題だった。その関係を簡潔に表現する言葉はむずかしかったが、そのなかに「敬して遠ざける」というのと、「もちつもたれつ」というのがあった。同じ表現がいくつもの答案にみられたので、どこかで誰かがそのような表現で説明したようである。

やさしく通りのよい表現で、しかも的確にあらわすことは至難の業であり、それが天皇であり朝幕関係（幕府と朝廷の関係のことを研究者はこのように呼ぶ）だともいえる。江戸時代の天皇・朝廷について、歴史研究者は、「古代的・伝統的権威」（代表的には遠山茂樹氏『明治維新』岩波書店、一九五一年）、「歴史的潜在主権」（大久保利謙氏『体系日本史叢書3 政治史Ⅲ』山川出版社、一九六七年）などと表現してきた。古代以来の伝統的な権威、潜在的には日本の主権者、という伝統的、潜在的な存在としてとらえてきた。戦前にあった江戸時代の天皇・朝廷は政治的には無力とする無力論、天皇は日本の歴史を通じて君主であったとする国体論的君主論に通じるもので、そのあたりの議論からそれほど先に出てはいなかった。

だがこれでは、江戸時代の天皇・朝廷が具体的にはどのような存在であったのかは、ほとんど説明されていないし、古代的・伝統的権威といっても一般的にすぎて、江戸時代という特定の時のなかの具体性に乏しく、潜在主権といってもそれでは江戸幕府とはどういう関係になるのかなど、いずれにしても江戸時代の天皇・朝廷を具体的に理解したものとはなっていなかった。

それが最近では、天皇・朝廷は幕藩制国家の「不可欠の構成要素」（宮地正人氏『天皇制の政治史的研究』三〇頁、校倉書房、一九八一年）と理解されるようになった。江戸時代の支配体制は、幕藩体制と呼ばれる。そして、おもに幕府が担う国家公権を「公儀」と称した。中央に幕府＝将軍、地方に藩＝大名をおいて全国の土地と人民を支配する体制という意味で、幕藩体制と歴史研究者は呼んだ。

幕府と藩、将軍と大名の主従制的関係、別に表現するならば、将軍を頂点とした封建的土地所有、領有制の編成により全国土と全国民を支配したという理解である。主従制、土地領有制で支配体制を説明しようというのだから、荘園領主としての実態をすでに失っていた天皇・朝廷がそこに入りこむスキはないように見えた。

しかし、徳川家康は天皇から征夷大将軍《せいいたいしようぐん》に補任《ぶにん》され、江戸に幕府を開くことにより、たんなる軍事的最高実力者というむきだしの武力だけではなく、その地位が持つ鎌倉幕府、室町幕府以来の歴史的、伝統的正統性に裏打ちされた卓越した権威を獲得することができた。以後歴代の将軍は、天皇から将軍職に任じられてその地位についた。

諸大名の序列化、秩序化

大名とて、薩摩守《さつまのかみ》や陸奥守《むつのかみ》、雅楽頭《うたのかみ》や大膳大夫《だいぜんだいぶ》、中納言《ちゆうなごん》や少将などの官職、そして従五位下や正四位上などの位階を朝廷からうけることにより、むきだしの武力ではなく、国家の支配階級の一員として領内を支配する正統性を得ている。

陸奥守になったからといって陸奥国の国司《こくし》となって国務を担当するわけではない、雅楽頭になったからといって雅楽寮《ががくりよう》長官の職務を担当するわけではない、その点では虚位虚職なのであるが、その官職や位階は、古代律令制国家以来のそれであり、日本国を支配する行政的・軍事的組織の一員であることを示す資格でもある。すなわち、国家公権を構成する一員であることの表示であった。

江戸時代は、律令制国家が支配していたわけではなく、将軍と大名の政治的軍事的結集体としての幕藩体制という規定がぴったりとする国家形態であった。だが、彼らはむきだしの武力、暴力だけで全国を支配していたのではなく（もちろん圧倒的な実力を背景にして）、征夷大将軍など、律令制的位階、官職を天皇から叙任《じょにん》されることにより、公的な資格を与えられ、支配の正統性を獲得していたのである。

このように、政治的権威、政治的正統性の根拠・源泉として、天皇・朝廷は江戸時代の支配者である領主階級になくてはならない存在だった。律令制的官位制度の重要性は、水林彪氏「幕藩体制における公儀と朝廷」（『日本の社会史3　権威と支配』岩波書店、一九八七年）が、戦国時代に一度は没落した天皇・朝廷が、統一政権の成立とともに復活する根拠を、そこにおいているほどである。

また、この虚位虚職である位階・官職は、三百にも及ぼうとする諸大名を秩序化する役割も果たした。一口に大名といっても、ピンからキリというわけではないが、徳川将軍家との親疎、譜代《ふだい》か外様か、上は百万石の大大名から下は一万石の小大名、巨大な城郭を構える大名から城を持てない大名まで、じつに多様な存在形態を示す。その大名の格式・序列には、何万石とかいう領知高《たか》の多寡が重要な要素であるが、それと複雑にからんで官職・位階の上下が大きな意味を持った。天皇が授与する官職・位階は、大名の序列化、秩序化にも大きな役割を担っていたのである。

さらに、本書が扱う時期、江戸時代後期から幕末にかけてとくに強調される「神国」「神州」という国家意識、イデオロギーの問題がある。朝尾直弘氏『世界史のなかの近世』（『日本の近世』1、中央公論社、一九九一年）によれば、豊臣秀吉と徳川家康がキリスト教禁止の理由として打ち出したのは、「神国」であった。ヨーロッパのキリスト教国との対峙《たいじ》のなかで打ち出された国家意識が「神国」だった、と置きかえてもよいだろう。それは、儒教の国中国からの文化的思想的自立、同じく儒教の国朝鮮への優越意識、すなわち日本中心の世界観へと展開していった。

経度線の起点は京都

ちなみに、当時の人がわが国をどのように表現していたかに触れておきたい。「日本国」という場合もあるが、「本朝《ほんちょう》」「皇朝《こうちょう》」という語が多く使われ、幕末になればなるほど「皇国」が多くなる。これらは、いずれも天皇・朝廷の存在を前提とした自国表現である。いまひとつ、江戸時代の日本地図の経緯度線、とくに経度線に注目してみよう。安永《あんえい》八（一七七九）年に刊行され、十八世紀末から約一世紀のあいだもっとも評価の高い日本図であった、長久保《ながくぼ》赤水《せきすい》『新刻《しんこく》日本輿地路程全図《にほんよちろていぜんず》』には、経緯度線が引かれているが、経度線の起点は京都（すなわち天皇・朝廷の所在地）のうえにおかれている。

また、文政《ぶんせい》四（一八二一）年に完成し、科学的な実測にもとづく江戸時代測量術の到達点を示した伊能忠敬《いのうただたか》の『大日本沿海輿地全図《だいにほんえんかいよちぜんず》』も、経度線の起点を京都のうえにおき、その線を中度といい、あとは西何度、東何度と表現している。経緯度線をもつ日本図は、将軍・幕府の所在地である江戸ではなく、天皇・朝廷の所在地である京都に経度線の起点をおいているのである。日本という国の領域を地球上に示す経緯度線をもつ日本図においても、天皇・朝廷がその起点となっていたということである。

このような対外的な関係での国家意識のみならず、現実の主従関係の誓約、さまざまなレベルでの誓約、たとえば江戸幕府では、ある役職につく時は、かならず「これこれのことを守ります、その誓いを破れば天神地祇の罰を蒙る」と書いてある誓約書（これを「起請文《きしょうもん》」と呼ぶ）に署名し血判をおしたように、みな「神」に誓う形式がとられた。社会の軸をなす契約、誓約に、「神」が重要な役割を果たしていた。

外国との関係でも、国内の契約・誓約でも、「神」が重要な役割を果たしていたが、高木昭作氏「秀吉・家康の神国観とその系譜」（『史学雑誌』第一〇一編第一〇号、一九九二年）によれば、実際に外国との関係で独立を保ち、江戸時代の対外関係を秩序づけたのは「神」の力ではなく、将軍と大名の力（「武威《ぶい》」と表現される）であり、主従の関係や誓約の実効性を支えたのも将軍などの力（「武威」）であったにもかかわらず、「神」に支えられていると錯覚させたのだという。

その日本の「神」を象徴し、かつそれをまつることのできるのは、「神」の子孫とされる天皇以外にありえない。まさに「神国」の象徴にふさわしく、誰もとって替わることのできない存在ということになる。

宗教的、イデオロギー的な面での機能、教権的な機能に関わって、つぎのことを補足しておきたい。江戸幕府初代将軍である徳川家康が、東照大権現《とうしょうだいごんげん》という神号をもち日光東照宮にまつられていることは、日本人の常識である。「権現様」「神君《しんくん》」「東照宮」と称されて、徳川将軍家、旗本、譜代大名、さらには外様大名まで、カリスマとしてその精神的な拠り所、精神的支柱として重要なイデオロギー面での役割を果たしつづけた。だが、東照大権現の神号をおくり、神としてまつったのは、将軍ではなく天皇であった。将軍には絶対にまねのできない機能なのである。

そして、神格を与えられた家康をまつる神社は、当初は日光東照社であったが、それに一段高い格を与えて日光東照宮としたのも、幕府が勝手にやったのではなく、天皇であった。徳川家康を神にまつり、その社に宮号をおくったのは天皇なのである。天皇なしに日光東照宮も東照大権現もこの世になかった。

幕藩制国家、その国家公権をさす「公儀」の必要不可欠の存在として、天皇・朝廷は組み込まれていた。それゆえ、公儀の「不可欠の構成要素」と理解されたのである。私的な主従関係を基本とする江戸時代の領主階級の組織を、国家、国家公権に高め、国家権力に編成し秩序化するうえで、天皇・朝廷の存在は不可欠であった。

2　天皇・朝廷の統制

公家勢力に対する基本法を制定

だが、そのような重要な役割を担える存在であるがゆえに、ほうっておくととんでもない行動をとりかねない。天皇・朝廷を新たな秩序、すなわち幕藩制国家の秩序に適合的なかたちに編成、統制することが、いろいろな事件や法を通して試みられた。

そのゆきついた先が、慶長二十（一六一五）年に定められた「禁中《きんちゅう》並《ならびに》公家中諸法度《くげちゅうしょはっと》」である。同時に定められたのが、「武家諸法度《ぶけしょはっと》」「諸宗《しょしゅう》　諸本山法度《しょほんざんはっと》」であり、大名と宗教勢力を統制する基本法として、江戸時代を通じて機能した。そのふたつの法と同様に、「禁中並公家中諸法度」は天皇を頂点とした公家勢力に対する基本法として、幕末まで生きつづけた。

天皇について、第一条で「天子諸芸能の事、第一御学問也」と規定し、天皇のありかたに法的規制を加えた。和漢の書物から政治のありかた、治者のありかたを学ぶことと、和歌を学ぶことが求められた。現実政治と関わるというより、政治や治者の正しいありかたを学ぶことが第一のつとめと規定された。

天皇が与える官職・位階が重要な意味を持っていたことはすでに述べたとおりであるが、

この官職・位階は、天皇のみがその最終的な権限をもっていた。それゆえ、幕府はこの官位授与権、とくに武家に対する授与権に規制を加えた。第七条に「武家の官位は、公家当官の外たるべく事」と規定した。簡単にいえば、武家の官位は公家のそれとは無関係だという規定である。

具体的に、ある大名を中納言に任ずる場合で説明しておこう。公家の中納言が何人いても、中納言の定員とは関係なく任じることができ、かつ、中納言に任じることを決めるのは、天皇ではなく将軍だった。将軍が決めてそれを朝廷のほうへ伝達すると、朝廷のほうで辞令書である「位記《いき》」「口宣《くぜん》」を出す、という手続きで中納言補任《ぶにん》がおこなわれる。

辞令書の発行は天皇であるが、実際に誰をどの官職に、どの位階にするかを決定するのは将軍だということである。官職・位階の授与権は、武家に対しては形式的な権限にすぎなかった。だが、形式的ではあれ任命権者が天皇であることは、大名らの天皇との君臣意識に重要な意義をもった。

このように、天皇・朝廷が現実政治にコミットしない、というよりコミットできないように法を定めたのである。

政務処理機構が求められる

法を作っても、それを制度的、機構的に支えるものがなければ実効性はあやうい。日常的な政務を処理し、朝廷・公家集団の秩序を維持する機構が必要である。関白《かんぱく》（摂政）のほか、三公《さんこう》（太政大臣〈または内大臣〉と左大臣、右大臣の総称）、大納言、中納言、参議など、太政官制以来の高官がいることはいるが、もはや直接には国政に関わらないのであるから、ただの虚官にすぎない。

日常的には、朝廷内部の限定された政務と、公家集団の統制、幕府との交渉を円滑にする政務処理機構が求められた。幕府として重要なことは、朝廷、公家集団が自律的な運動をして、幕府がはめた枠から逸脱しないように統制し、「公儀の構造的一環」としての役割を忠実に果たさせることであった。このような朝廷統制の枠組みは、高埜《たかの》利彦《としひこ》氏「江戸幕府の朝廷支配」（『日本史研究』第三一九号、一九八九年）によれば、寛永期（一六二四〜一六四四年）に成立した。

江戸時代の幕府と朝廷との意思疎通、交渉ルートはつぎの図のようになっている。

将軍→老中→京都所司代《きょうとしょしだい》→禁裏付《きんりづき》→武家伝奏《ぶけてんそう》→関白→天皇

なかでも、禁裏付は所司代の指揮のもとで、日常的に朝廷の監督・運営にあたり、朝幕交渉の幕府側窓口となった。関白の指揮のもとで、朝廷側の窓口となったのが武家伝奏（定員二名）であった。幕府からの通達、要請、朝廷からの連絡、要請などみなこのルートで処理された。幕府からすると、交渉の窓口である武家伝奏がキーマンであり、そのため江戸時代のはじめには、その人選を幕府がおこなっていたほどである。

その後は、朝廷が候補者をきめて幕府が承認するという方式となったが、依然として幕府の承諾を必要としていた。しかも幕府から、年に二百石の役料を支給され、朝廷の御用を果たすだけではなく、幕府の御用も果たす役職であった。幕府の意向に忠実な人物がこの役についていれば、幕府としてはたいへんに好都合だった。

その点は関白も同様で、その任免については幕府の同意を必要とした。朝廷の要《かなめ》である関白すら、幕府の承諾を必要としたところに、朝幕関係における朝廷の位置が象徴されている。ちなみに、関白には武家伝奏と同様に、役料が五百石、そのほか氏《うじ》の長者（藤原氏で、摂政・関白に就任したものに与えられた称）として五百石、合計千石が支給された。任免に関して幕府の承認が必要であり、その役職には手当が支給され、いわば幕府との太いパイプの役を担わされたのである。なお、幕末にはこの幕府の承認という手続きが問題となり、文《ぶん》久《きゅう》二（一八六二）年十二月に廃止されている。

さらに、寛文《かんぶん》三（一六六三）年には、議奏《ぎそう》という役職を設置した（職名は貞享三〈一六八六〉年に確定し、定員五名）。これは、関白→議奏→職事《しきじ》（蔵人頭《くろうどのとう》と蔵人）というラインに位置し、武家伝奏が幕府との交渉役であったのに対して、朝廷内部の政務に関わり、関白を補佐する職であった。この議奏の任免は、幕府の承認を必要としなかったが、やはり役料百俵が支給された（平井誠二氏「確立期の議奏について」『中央大学文学部紀要』史学科33、一九八八年）。そして、武家伝奏と一括して両役《りょうやく》と称される。関白と両役＝武家伝奏・議奏が、朝廷内部および朝幕関係の政務を実質的に処理していた。すなわち、関白―両役制が朝廷政務（朝政）機構の中核というべきものである。

そしてその地位は、「禁中並公家中諸法度」により保障されていた。すなわち同法度第十一条に、

関白、伝奏幷《ならびに》奉行職事等申し渡す儀、堂上《どうじょう》・地下《じげ》の輩《ともがら》相背くにおいては、流罪たるべき事、

と定められている。慶長二十年の制定のためまだ議奏は設けられていないので、規定に盛り込まれていないが、改訂すれば付け加えられるべきものである。関白・両役から申渡したことは、堂上（殿上人《てんじょうびと》。三位以上、四・五位の内で昇殿〈清涼殿《せいりょうでん》の殿上の間に昇ること〉を許された公家）や地下（昇殿を許されない官人）は守らなければならない、もしも違反した者は流罪に処する、という規定なのである。

すべての公家集団、官人集団は、関白―両役の命令に従うことを、幕府権力による流罪という厳罰の脅威を背景に要求された。関白や両役の命令に背けば、流罪に処されることもあ

る。すなわち、関白―両役という政務機構は、幕府の強権を背景にした組織だったのである。

圧倒的な力を持つ五摂家

関白―両役制というけれども、関白の地位、力は圧倒的なものがあった。幕府権力を背景にした朝廷政務機構のトップという地位と関連しながら、公家集団のなかでかけ離れた力を持っていた。

武家にも、大名なら三家《さんけ》、家門《かもん》、国主《こくしゅ》（国持ち）、城主、譜代・外様などの区別、家格の差異があり、幕臣には旗本と御家人の差別があり、大名家臣にも上級武士と下級武士などの差別が厳然として存在していた。「身分制度は親の敵」とまで福沢諭吉が恨み、批判した身分差別が、武士身分内部に貫かれていた。この差別により、大名間の、また家臣間の秩序が保たれ、幕藩体制、藩体制の秩序の安定につながった。

これと同じようなことが、公家集団にも見られた。公家には、摂家《せっけ》、清華家《せいがけ》、大臣家、それ以下という序列、家格がある。近衛《このえ》、九条、二条、一条、鷹司《たかつかさ》の五家が摂家であるが、この摂家が圧倒的な力を持つ。官職でいうと、関白になれるのはこの五摂家に限られ、五摂家の当主が先任順に関白になるのが慣例といわれる（高埜利彦氏「『禁中並公家諸法度』についての一考察」『学習院大学史料館紀要』第五号、一九八九年）。清華家は、関白につぐ三公（太政大臣〈あるいは内大臣〉左大臣、右大臣の総称）になれたが、関白は、五摂家の独占だった。

また、官位その他のことで、天皇から質問——これを勅問《ちよくもん》という——を下されることがあるが、その対象は五摂家の当主たちである。朝廷政務は、五摂家に独占されていた（もちろん両役との評議のうえであるが）といってもよいほどである。一定の役職には一定の家格の者しか就任できない、という身分、家格制のしくみである。武家と同じしくみではないか。

また、この五摂家とそれ以外の公家との間には、主従ともいうべき関係が存在していた。門流《もんりゆう》といって、清華家、大臣家以下の堂上公家は、たとえば近衛家には四十八軒、九条家に二十軒というように、古くからの縁により摂家五家に分属していて、御家礼《ごけらい》ともいうようである。元旦には、門流の家はその属する摂家の屋敷に年始の御礼に出向き、また、元服、結婚、養子縁組など門流の家は摂家の同意を必要としたといわれる。

幕末に五摂家のひとつ一条家に仕えた下橋敬長《しもはしゆきおさ》の口述である『幕末の宮廷』（平凡社東洋文庫、一九七九年）によれば、「極端に申せば摂家と門流とは主従関係を有っておるといって宜しい」（二六七頁）という関係だという。五摂家がそれ以下の公家を門流として従えている、という図になる。

特別の貴種

関白になれるのは五摂家だけだったことはすでに述べたが、さまざまに特別の待遇、扱いを受けて、他の公家と際立った違いを見せた。近衛家と一条家には後陽成《ごようぜい》天皇の子が入り、鷹司家には閑院宮家《かんいんのみやけ》の子で東山天皇の孫が入り、九条家にはその鷹司家の子が入るなど、「王孫」という血筋になる。とくに鷹司家は閑院宮家の子が相続し、本書が扱う三代の天皇は閑院宮家の血筋であり、ごく近い血縁関係にあった。摂家五家のうち四家が「王孫」という、他の公家と隔絶した特別の貴種でもあった。

五摂家の地位の高さは、朝廷での座席の順序、すなわち座次《ざじ》にもあらわれる。江戸時代には、天皇家の一族で宮号を与えられた宮家は、伏見《ふしみ》・有栖川《ありすがわ》・桂・閑院宮家の四家であった。「禁中並公家中諸法度」の第二条に、「三公の下親王」と規定されている。天皇の一族である宮家は、関白どころか三公よりも下に位置づけられている。関白は当然のことながら、三公も五摂家が就任する職であるから、五摂家は宮家より上位ということになる。五摂家当主は天皇につぐ位置におかれているのである。

さきほどの下橋敬長が、「朝廷で御法事が行なわれる場合に、摂家の焼香が済んでから親王方（宮家）が御焼香になる。往来で摂家の乗物と親王家の乗物と出会えば、親王家の方で避《よ》けられる。今日から見れば甚だ順序を失した次第ですが」（二三一頁）と書いていることで、五摂家と宮家の序列がよくわかる。このことが、のちに出てくる尊号事件の直接の原因となる。

摂家の家柄で、まだ年少のため官職・位階が低いAが、より高位の公家Bに道で会った場合、Bは丁寧に礼をするが、Aは駕籠の戸を少し引くだけで済まし、まるで家来扱いだったという。関白の嫡孫に対しても、その例と同様だという。五摂家の権勢、威勢というものが十分理解できたと思う。

関白—両役の役割

諸藩では、家老を出す家柄の門閥層とそれ以外の家臣という図式が一般的に見られる。朝廷では、関白を出す家柄の五摂家とそれ以外の公家という図式である。諸藩では、藩政を門閥層が牛耳っている。朝廷では、朝廷政務を五摂家が牛耳っている。よく似た図式ではないか。もちろん、家老だけで藩政を運営できるわけではなく、奉行層との評議による。朝廷も、関白と武家伝奏・議奏の評議で運営されてゆく。幕府は、公家集団内部で支配的地位にいる関白（五摂家）、そして武家伝奏・議奏をテコにして朝廷を統制してゆくのである。

また、関白と両役は、天皇の行動を規制することを求められていた。寛保二（一七四二）年に出された、「紫宸殿《ししんでん》御条目」の第一条に「禁裏《きんり》（天皇）・仙洞《せんとう》（上皇）たりとも、御政正しからざれば、厳しく諫言《かんげん》し奉るべき事」と規定されている（『徳川禁令考』前集第一、一一頁）。天皇や上皇に誤った行為があったならば、関白らはきびしく諫《いさ》めなければならない、という趣旨である。天皇は、すでに説明したように「天子諸芸能の事、第一御学問なり」と規定され、行動を規制されていたが、さらに、〈関白—両役〉の朝廷政務機構からも、きびしい行動の制約をうけていたのである。

江戸時代の関白は、天皇を補佐するとともに、天皇を監視、規制する役目ももっていた。朝廷の政務機構自体が、天皇が何かそれまでと異なる行動をとろうとした時に、第一の関門、厚い壁となって立ちはだかってくる。天皇が何か主体的な行動をとろうとする時、まずこの朝廷政務機構、とくに関白と闘わなければならなかったのである。

江戸時代中ごろの享保十七（一七三二）年に、当時の霊元《れいげん》上皇（在位は寛文《かんぶん》三〈一六六三〉～貞享四〈一六八七〉年、以後享保十七年まで院政）が、京都下御霊《しもごりよう》神社に、「朝廷復古」のため、「私曲邪佞之悪臣《しきよくじやねい》」関白近衛《このえ》家久《いえひさ》を排除することを願った願文を納めた。このことは、天皇が何か新しいことをやろうとした時に、関白が大きな障害となったことをよく示している。天皇といえども、関白と闘わなければ、新しいことなど何もできなかった。しかし霊元上皇は、神に祈るしかなかったのである。

公家集団、朝廷勢力が、幕府から自律的に存在するならばいざしらず、圧倒的な力を背景にした幕府との関係では、〈老中→京都所司代→禁裏付→武家伝奏→関白〉というラインは、幕府と朝廷の関係を円滑にするため、幕府の意向にそって機能するしかない。日常的な朝廷の政務機構である〈関白—両役〉は、幕府の意向にそって朝幕関係を円滑にすることが、幕府から期待されている。幕府の意向に逆らえば、圧倒的な力を背景にした、人事、財政面での圧迫を覚悟しなければならない。それゆえ、〈関白—両役〉は朝幕関係の安定のため、幕府の意向に従う、幕府寄りの姿勢をたえずとらざるをえなかった。このような関白の姿勢、〈関白―両役〉が軸となって処理される朝廷の意思を転換させるのは容易なことではない。しかし、それを徐々に変えてゆこうとする動きが、天皇自身から、また公家たちからも現われ、幕末にはとうとう実現させてしまう。いかにその転換が実現したのか、天皇・公家の朝廷政務機構に対する「闘争」を追うことが、本書のテーマのひとつである。

3 朝幕関係の現実――形式と内実

公は武より上位

最高実力者である徳川将軍家の当主を征夷大将軍に任命し、諸大名にも官位を与え、国家公権行使の資格を授与するという、江戸時代の国家権力の正統化というきわめて重要な政治的権能を果たし、存在自体が神国を象徴し、かつ国家的神事、祭祀をつかさどる教権的機能を果たす、たとえ徳川家康でも取ってかわることのできない存在であった天皇・朝廷は、当時も「公武一和」「公武和融」「公武間柄」と表現され、けっして「武公」とはいわなかったように、公＝天皇・朝廷は武＝将軍・幕府より上位に位置するものと観念されていた。幕府からすると、天皇・朝廷はたえず「御尊崇」「御崇敬」などという表現で遇されるべき存在であった。
形式的には、あるいは観念的にはそのような存在であった。しかし、内実はかなり違っていた。その実質のところを、下橋敬長口述の『幕末の宮廷』から紹介しておこう。

書式上は、天皇と将軍は同等

まず文書の書式（当時は「書札礼《しょさつれい》」といって、手紙を出す側と受け取る側の地位の上下により、それこそ複雑、煩雑きわまりない書式が定められていた。これを誤ると地位の上下関係、秩序を乱すことになり、大変大きな問題となりかねなかった）に関して、「天子様（天皇）を後へ書いて来ます、『公方様（将軍）より禁裏（天皇）へ』と天子を後へ書いて来まする」（四九頁）と指摘する。

なお、五摂家や宮家に対しては、「公方様より有栖川《ありすがわ》殿へ」と書くという。当時は、「様」にするか「殿」にするかは重要で、「様」のほうが「殿」より尊敬したいい方であった。公文書では通常「殿」を使う（現在でも役所からくる書類や郵便物には「……殿」と書かれている）が、摂家や宮家には「様」と書いていた。ところが、将軍からそれらに宛てて出すときは、「殿」を使ったのである。逆から出すときは、「大樹《たいじゅ》（将軍）様へ有栖川殿より」などと書くのだそうだ。

暑中見舞いの書状の書式についても触れられている。天皇に対しては、「暑中御見舞として進ぜられ候」と同等の関係の文面であり、五摂家と宮家に対しては、「暑中御尋ねとして遣わされ候」、清華家以下へは、「暑中御尋ねとして下され候」というように家来扱いだという(四九頁)。書式上は、天皇と将軍は同等、将軍と五摂家・宮家は、将軍と御三家《ごさんけ》・御三卿《ごさんきょう》の関係と同じ、それ以下は一般大名と同じで臣下の扱いということになろう。書式の点では、天皇は将軍より上としてはけっして扱われていなかったのである。

それゆえに、この書式も幕末になると問題となり、文久二(一八六二)年十二月には、天皇と将軍の君臣関係を正すという趣旨で、朝廷側から書式の変更を幕府に要求している。

将軍が上段に、勅使は下段に

ついで、将軍宣下《しょうぐんせんげ》の儀礼が語られている。天皇から将軍宣下してもらわないかぎり、征夷大将軍になれないのであるから、幕府にとって将軍宣下こそもっとも重要な儀礼であった。そもそも将軍に任命してもらうのだから、将軍候補者が上京するのが筋であろう。しかし、四代以降の将軍候補者はけっして上京などせず、逆に天皇の使い、すなわち勅使が江戸にゆき、そこで天皇に代わって任命するという手続きをとっていた。

「勅使にお目にかかるというような時にもひどいものです。徳川様が上段の上におって、勅使が下段に平伏するというような有様です。将軍宣下の時に、徳川さんを内大臣、征夷大将軍に任ずるという詔勅を、武家伝奏が持ちまして江戸に下りました。その時にも、将軍は上段に立っていらっしゃる」（五〇頁）と語っている。

将軍宣下のときでも、通常の年頭挨拶の勅使と会う場合と同じく、将軍が上段に立って、宣下や挨拶をうけるという。勅使は任命権者である天皇の代理なのだから、将軍が下段に平伏して宣下をうけてよさそうなものであるが、まったく逆だったようである。形式と実態は、かくもかけ離れていたのである。この作法も、文久二年の勅使のさいにまったく逆転する。

伝奏を呼んで来い

朝廷内の天皇を含む日常生活一切を切り盛りする役人（口向諸役人《くちむき》という）を監督し、かつ朝廷財政を管理した禁裏付についてはすでに触れた。定員は二名で、旗本から任命された。日常的には朝廷内で幕府を代表しているのであるから、その権威、威勢は相当なものがあったようだ。ただし、官位は従五位下、何とかの守という程度で、地下の官人クラスである。

役宅（現在の京都御苑の北側すぐの同志社女子中、高校の建物のあるところ）から御所へ出勤する時は、先徒士《かち》三人、槍持ち、駕籠《かご》かき四人、近習《きんじゅう》二人、草履取り、傘持ち、押《おさえ》二人、というなかなかいかめしい行列をくんでいる。御所内の詰め所である祗候《しこう》の間に入ると、中詰《ちゅうづめ》の（朝廷の）役人が茶と煙草盆《たばこぼん》を持ってくる。この中詰役人も、なかには官位が四位の者もいるにもかかわらず、たかだか従五位下の禁裏付に給仕をする。

また、連絡、相談ごとで武家伝奏に会う必要が生じると、「伝奏を呼んで来い」（一四六頁）といって祗候の間へ呼びつける。武家伝奏といえば、位階は正二位とか従一位で、官職は大納言とか前大納言クラスの、いわばトップクラスの高位高官である。それを、従五位下の自分の詰め所に呼びつけて話しあうというのである。

御所の外で、五摂家や宮家に会ったときは、さすがの禁裏付も駕籠から飛びおり、膝の下まで手を下げてお辞儀をするそうである。ただ、禁裏付同等の官位の地下官人ならば、平伏するのが礼儀だが、禁裏付はお辞儀だけであり、かつ持たせている槍を倒さず立てたままだという（倒さないのは失礼）。通常の地下官人に比べて、無礼千万でたいへんに横柄な態度だということになろう。大納言や中納言、参議、それ以外の堂上公家などに対しては、駕籠から下りて礼をすべきところ、駕籠から下りることなくそのまま行ってしまうという（一四七～一四八頁）。

官職・位階のレベルでいえば地下官人にすぎない禁裏付の武家が、禁裏付という幕府の役職がゆえに、このように「なかなか偉い勢い」「偉い見識」（下橋敬長談）だった。これが、幕府と朝廷の関係の実態だったというべきだろう。

鳴物停止令にみる朝幕関係

一九八八（昭和六三）年の秋から翌年の三月までの約半年間のことを思いだしてほしい。キーワードは「自粛」である。昭和天皇の重体から死、そして葬儀まで、「自粛自粛」だった。さまざまな行事、神事祭礼、芸能、はては子供の運動会まで「自粛」という名のもとに、中止したりひっそりとおこなわれたりと、まさに「自粛狂騒曲」だったことが思いだされる。

たしかに、法や命令を出して「自粛」を強制したわけではない。そもそもそれでは「自粛」の語意と矛盾する。しかし、戦前までは強制であった。そして江戸時代には、鳴物停止令《なりものちょうじれい》という触書が出され、静粛、謹慎が強制された（明治時代以降では、この「鳴物」が「歌舞音曲《かぶおんぎょく》」と解されているように、演芸、遊芸の三味線・太鼓などの「音」に象徴される）。江戸時代の鳴物停止令以来の「伝統」が、現代の「自粛」だったのである。江戸時代には、鳴物停止令に代表されるが、普請停止《ふしんちょうじ》、漁猟停止《ぎょりょうちょうじ》などもこれに含まれ、殺生を控え、工事の騒音、遊芸の音、人が集まることにより生じる騒音などを禁止し、静粛のうちに死者を悼むことが強制された。

さて問題は、その鳴物を停止する日数である。鳴物停止令が出されるのは、幕府の関係では、将軍とその一族、および老中などの死であり、朝廷の関係では、天皇、上皇、女院などの死であった。鳴物停止令は、幕府の手によって全国に触れられるので、雲の上の人という観念的存在ではない、生身の天皇の存在を、江戸時代の全国民が認識する重要な機会であった。だが、死者の地位により、また地域により、鳴物停止の期間が異なっていた。その差異により、将軍と天皇との間の現実の権威的、権力的秩序を認識する機会ともなった。ここでは、将軍・大御所、天皇・上皇に限って概括的に紹介し、鳴物停止の日数の差異がもった意味を考えてみたい。

江戸時代中ごろまでの鳴物停止令を検討した中川学氏「江戸幕府『鳴物停止令』の展開とその特質」（『歴史』第七九輯、一九九二年）によると、日数に変動はあるが、幕府の関係者では、将軍・大御所は四十九〜七十七日、将軍の母が十四日、将軍の妻は五〜十日、将軍の子が三〜七日、御三家が三〜七日、老中は三日となっており、朝廷の関係者では、天皇・上皇が三〜七日となっている。鳴物停止の日数だけでいうと、天皇・上皇の死は、将軍・大御所に比べてかなり軽いことになる。

江戸時代後期でも、江戸では、将軍・大御所が五十日、天皇・上皇が五日である。ところが、日数は地域により異なる。将軍・大御所の場合、江戸で五十日、京都でも五十日、それ以外の土地でも五十日である。それに対して天皇・上皇は、江戸で五日、京都では五十日、それ以外では五日となっている。つまり、天皇・上皇は京都では将軍・大御所と対等であるが、京都以外の地では将軍・大御所よりははるかに軽かったことがわかる。

全国レベルで鳴物停止を考えてみれば、将軍と天皇の差は歴然としている。そこに、幕府の意図的なものを読みとることができよう。形式的な上下関係、秩序は「公武」でも、現実の、また実質レベルでの上下関係はこのようなものであった。

4　十八世紀末の天皇を取巻く状況――天皇浮上の客観的条件

天皇家は幕府丸がかえ

官職・位階の高さと現実の実態の乖離《かいり》、これは天皇・公家にとって不満であったろう。天皇家の領知を禁裏御料《きんりごりょう》というが、元和《げんな》九（一六二三）年に幕府が一万石を献上し、計二万石となり、宝永二（一七〇五）年にさらに一万石を献上し、計三万石となった。このほか、上皇御料や公家たちの所領を合わせるとほぼ十万石となり、天皇を頂点とする公家集団としての朝廷は、江戸時代中期には約十万石の藩ということになる。

天皇家の財政も、禁裏御料からの年貢でまかなうことを原則としていた。その意味では、天皇家も封建領主の一員であった。しかし、二度にわたる禁裏御料の増加でも不足がちで、享保期（一七一六～三六年）ころから、不足分を「取替《とりかえ》」という名称で、幕府が立て替えることが始まった。

しかしその「取替」が多くなったので、幕府は安永六（一七七七）年に定高《じょうだか》制を取り入れた。一年間の財政を、銀七百四十五貫目（約一万二千四百両）と奥御用金八百両と定め、その範囲内でまかなうことにした。だがそれでも不足し、なお「取替」がおこなわれたため、達した。これは、天皇家の幕府に対する借金である。寛政二年から三年間の緊縮財政を施行しかなり経費削減が実現したのを見はからって、幕府は、「取替」金五十万両余の返済を免除し、以後は定高でまかない、余った場合は備蓄金として不意の事態への備えとした。

寛政《かんせい》三（一七九一）年までに、享保以来の「取替」金額が五十一万三千三百十一両の巨額に

ただし、この定高でまかなうのは平常の支出であり、御所の造営、増築、修理、即位、大《だい》嘗祭《じょうさい》の大礼などの臨時の出費については、別途に幕府が負担することになる。その点では、天皇家は幕府丸がかえといってもおかしくはない。

公家たちでは、筆頭の五摂家が、近衛家―二八六〇石、九条家―二〇四三石、二条家―一七〇八石、一条家―二〇四四石、鷹司家―一五〇〇石、清華家では、今出川《いまでがわ》家が一三五五石と飛び抜けているが、あとの家は千石以下、その下の大臣家では五百石が最高という程度の家領を与えられていた。幕府の旗本でいえば、五摂家は上級の旗本、後は中下級クラスの旗本ということになろう。

もちつもたれつ

江戸時代の天皇、公家というと、すぐに貧乏公家のイメージを描く。しかし正確なものとはいえないようだ。幕末一条家に仕えた下橋敬長が、こう語っている（前掲『幕末の宮廷』三二～三三頁）。

御所はとほうもない好《よ》いことはございませぬけれども、貧乏で天子様の上がる物がないというようなものではありませぬ。御所はゆっくりいたしております。天子様もなかなか御馳走を上がってござる、宮様、摂家、大臣などに下される御膳なども、なかなか御馳走がございます。もちろん唯今とは比較になりませぬけれども、決して貧乏はしておられませぬ。そうして、御大名、徳川様始め薩州さん（中略）、そういう御大名から官位昇進の節には一廉《ひとかど》の御礼が上がります。そういう訳で、朝廷は決して御不自由のことはございませぬ。

幕末の体験であるから、それ以前と同じとはいえないが、それほど大きく変わるものでもないだろう。天皇の食事、参内《さんだい》した宮家や摂家に下される食事も、かなりのご馳走だったようで、貧乏ということはなかったという。その理由のひとつは、諸大名が官位昇進のお礼として金品を献上するからだと指摘している。これは副収入である。後で、孝明天皇の暮らしぶりを紹介する時に、また少しふれたい。

五摂家でも、家領からの収入、関白の役料の他に、姻戚関係のできた大名から、下橋の仕えた一条家なら、紀州徳川家から千石、水戸徳川家から五百石、肥後《ひご》細川家から千石、備前《びぜん》池田家から千石、その他からもそれぞれ「お手伝い」という援助があった（二五三頁）。その他の公家でも、たとえば吉田家や白川家なら神職、冷泉家《れいぜいけ》なら和歌、飛鳥井家《あすかいけ》なら蹴鞠《けまり》、花山院家《かざんいんけ》なら書道などなどの家職をもっていて、それを通じた副収入があった。けっして豊かだったわけではない。幕末に孝明天皇が、公家たちが幕府の金品によるワイロ工作に目がくらんでしまうのではないかと真剣に心配したほどである。また、江戸時代後期に、公家、下級官人の救済を幕府に繰りかえし求めたことに示されたように、経済的に苦しかったことは事実だろう。しかし、諸大名とその家臣、旗本御家人の困窮ぶりとを重ねあわせてみるならば、公家をことさらに貧乏というイメージでとらえるのは正確ではない。

官位の高さからいえば、その格式にふさわしい暮らしぶりにほど遠かったことは事実である。そこから来る不満は強かっただろう。しかし、戦国時代の末のことを思えばどうか。たしかに、これもたんに零落《れいらく》し没落しきった朝廷、公家像だけでとらえては正確ではない（今谷明氏『武家と天皇』〈岩波新書、一九九三年〉など）。だが、天皇家、公家の荘園、領地はほとんどが押領されてしまい、ためにさまざまな朝廷の儀式、神事祭礼ができなくなったことも事実である。天皇の即位式すら滞りがちだし、大嘗祭、新嘗祭《にいなめさい》は長く中絶し、伊勢例幣使《いせれいへいし》、石清水八幡宮《いわしみずはちまんぐう》や賀茂社《かもしゃ》の例祭、臨時祭も中絶するなど、朝廷の苦境はおおうべくもない。

江戸時代には、禁裏御料ははじめ一万石、二度の増献で三万石を保証され、住居である御所も幕府の負担で造営される。また、徐々にではあるが、幕府の負担でさまざまな儀式、神事祭礼も再興されてゆく。さきほども指摘したが、朝廷は幕府丸がかえというべき実態であった。朝廷は、幕府に全面的に依存し、その保護のもとにみずからを存続させていかざるをえなかった。幕府も、朝廷から国家支配の正統性とイデオロギーを引きだし、依存せざるをえなかった。

この章の最初にあげた試験の解答に戻って考えると、江戸時代の幕府と朝廷は、幕府の圧倒的な優位、主導のもとではあるが、ときにギクシャクしつつも利用し、依存しあう、「もちつもたれつ」のような曖昧な関係が続いたというべきであろうか。

幕府の御威光に陰りが

荻生徂徠《おぎゅうそらい》は、八代将軍徳川吉宗に提出した政治論『政談』(『日本思想大系36　荻生徂徠』三四八頁、岩波書店)のなかで、つぎのように指摘している。

天下ノ諸大名、皆々御家来ナレドモ、官位ハ上方ヨリ綸旨《りんじ》・位記《いき》ヲ下サルコトナル故下心《したごころ》ニハ禁裏《きんり》ヲ誠ノ君ト存ズル輩モ有ルベシ。当分唯《ただ》御威勢ニ恐レテ御家来ニ成リタルト云迄ノコトナド、ノ心根ヲ失ハザレバ、世ノ末ニ成リタラントキ、安心成リ難キ筋モ有ル也。

形式的とはいえ、天皇から官位を授与されることが、大名たちの天皇、将軍に対する意識に微妙な影を投げかけることを憂慮した意見である。大名たちは、天皇から官位を授けられるのだから、本当の主君は天皇だと思っているが、今は将軍の力が強いのでその威勢におされて従っているだけ、というのが本心で、将軍の威勢が衰えたときは不安だという。そこで徂徠は、律令制以来の天皇にまつわる官位制度とは別の、幕藩制国家にふさわしい勲階《くんかい》制度を創るべきだと主張した。この不安は幕末に現実のものとなり、徂徠の先見の明というべきだろう。

将軍の威勢、江戸時代の他の表現を使うなら「武威」「武徳」「威光」ということになるが、江戸時代の秩序を維持している基本的な力は、将軍の「武威」であり「威光」であった。「武威」をむきだしの武力、暴力ではなく、古代以来の伝統的な国制に位置づけ、正統化する機能を天皇が果たしているのだが、さしもの将軍の「武威」「威光」にも、十八世紀後半には陰《かげ》りが生まれてきた。そこに、天皇・朝廷の権威の強化、政治的な浮上の秘密がある。

江戸支配がマヒ状態に

将軍の御威光の衰えという点で、もっとも重要なのは、幕府お膝元の騒動だろう。湯浅明《ゆあさめい》善《ぜん》『天明《てんめい》大政録』(『日本経済大典』第二十二巻、二四九頁、啓明社、一九二九年)に、天明七(一七八七)年七月、当時老中になりたて(この年の六月に就任)の松平定信《まつだいらさだのぶ》が語ったことして、つぎのような噂が収録されている。

先年（明和元〈一七六四〉年）関八州の中上州の民家騒動せしさえ、将軍の御威光薄く御恥辱《ちじょく》と思召し給いしに、この度武陽《ぶよう》（江戸）の騒動お膝元まで此のごとく、その罪を赦《ゆる》し捨ておくこと、政務の取計らい違いといいながら、上を見透《みす》かしぬいたる事前代未聞、世の衰え此の上あるべからず、誠に戦国よりも危うき時節と予は覚えたり、

天明の大飢饉《だいききん》のピークであった、天明七年五月二十日から二十四日にかけて、江戸では米屋（およびコメを貯えていそうな所）をおもな対象に大規模な打ちこわしが続き、幕府による江戸の支配はマヒ状態となってしまった。江戸で大規模な打ちこわしがおこったのは、これが初めてである。

明和二年に、日光東照宮で徳川家康百五十回忌法要が営まれたが、その前年、参列などのため多人数が通行するのに備え、幕府が沿道諸国の助郷《すけごう》を増加する計画を立てたのに対し、その負担増に反対して上野国《こうずけのくに》ほか三ヵ国の農民が蜂起するという事件がおこった。関東地方は幕府領が多く、幕府のお膝元ともいうべき地方であった。そもそも、領内で大規模な百姓一揆などの騒動が起これば、大名はその政治責任を幕府から問われる。その幕府の領内、しかもお膝元ともいうべき関東地方で、大規模な農民蜂起である。将軍の「御威光」は薄く、「恥辱」であった。

まして、将軍のお膝元もお膝元、江戸の大打ちこわしである。将軍の「御威光」は地に落ち、深刻な「恥辱」を味わったのである。打ちこわし直後の風聞を集めた幕府《ばくふ》御庭番《おにわばん》梶野《かじの》平《へい》九郎《くろう》も、「この度町方一同騒ぎ立て候義、甚だ公儀を憚《はばか》り奉《たてまつ》らず、恐れながら御威光も薄く、かれこれと宜《よろ》しからざる上向きの御噂共申し候」（『東京市史稿　産業篇』第三十一、九四二頁、東京都）と、将軍御威光の失墜を指摘している。

田沼時代の財政・金融政策、その失政の最大のツケともいうべき天明の大飢饉に苦しめられた民衆の、田沼政治の清算を迫る全国的な一揆・打ちこわしは深刻な社会不安を引きおこし、幕府の御威光、武威の失墜という大きな衝撃を与えた。この「敵失」ともいうべき幕府の「御威光」「武威」の失墜は、国学者、経世家その他の思想家、幕府の失政に苦しむ民衆、さらには武士身分のなかに、天皇・朝廷に熱い視線を送る人々を登場させ、天皇・朝廷の権威を高めることになる。また、幕府も「御威光」「武威」の衰えを建てなおすために、天皇・朝廷に熱い視線を向けはじめた。

尊王思想の台頭

いま、京都三条大橋の東詰、京阪三条駅のところに、平伏している人物の銅像をご覧になった方も多いのではないか。その人物は、高山彦九郎《たかやまひこくろう》であり、平伏した方角には天皇の住んだ京都御所がある。彦九郎は、京都に入るときは必ず御所に向かって平伏したといわれる勤《きん》王家《のうか》であった。公家に交わり、各地で尊王を説いて廻ったが、幕府の監視の目がきつくなり、ついに九州久留米《くるめ》で自刃した。林子平《はやししへい》、蒲生君平《がもうくんぺい》とともに、寛政の三奇人の一人と称されるが、林子平は、わが国の対外的危機に先駆的に警鐘を鳴らした人物として有名であり、蒲生君平は、歴代天皇の墓所である山陵の荒廃を嘆き、その所在を調査した『山陵志《さんりょうし》』を著した勤王家として有名である。

寛政三奇人は、対外的危機、天皇という江戸時代後期のキーワードを一歩早すぎて唱えた人物である。このような人物の登場は、この時期を象徴する出来事であった。早すぎた、フアナチックな尊王家の登場の背景には、尊王思想の台頭があった。

尊王思想といっても幅が広い。ひとつには、朱子学の君臣の名分論からする尊王論がある。儒学の側からする名分論的尊王論である。さらに、神道からは、天照大神《あまてらすおおみかみ》と天皇への忠誠を説く垂加流《すいかりゆう》神道とその影響を強くうけた神道説が勢力をもってきた。そして、賀茂真淵《かものまぶち》―本居宣長《もとおりのりなが》の国学の隆盛がある。さまざまな分野の学問的、学説的な発展を基礎にして、尊王思想は広く深く浸透しはじめた。

天皇の「効用」を説くイデオロギー

尊王思想の浸透とともに、垂加流神道に心酔した、徳大寺公城《とくだいじきんむら》らのはねあがり少壮公家が、朝権（朝廷の権力・権威）の回復を夢見たことからはじまった宝暦事件や、山県大弐《やまがただいに》の明和事件《めいわじけん》など、尊王にまつわる事件も十八世紀半ばにはぽつぽつとおこりはじめ、高山彦九郎のような人物も登場しはじめた。かれらは早すぎた尊王家であり、ファナチックな尊王家であった。

しかし他方では、より冷静に冷徹に天皇・朝廷の政治的効用に着目する人々がいた。幕末の尊王攘夷運動に思想的に大きな影響を与えた水戸学《みとがく》（通常は後期水戸学といわれる）の祖とされる藤田幽谷《ふじたゆうこく》は、寛政三（一七九一）年に、時の老中松平定信の求めに応じて書いたとされる『正名論《せいめいろん》』（『日本思想大系53　水戸学』、一三頁）のなかで、幕府が天皇を尊べば諸大名が幕府を尊び、その家臣が大名を尊ぶ、これにより上下の秩序が保たれ、国内の平和が維持される（その結果、幕府の地位が安泰となる）という、政治秩序、政治的統合という点での尊王の効用をリアルに説いた。

その後継者である会沢安《あいざわやすし》（正志斎《せいしさい》）は、『新論』（同前所収）において民衆まで含めた人心統合の核に天皇をすえた説を展開し、尊王攘夷の志士に強い影響を与えた。このような天皇の「効用」を説く、醒めた、冷徹な政治論、イデオロギーが登場したことが重要である。

天明の大飢饉、全国的な一揆・打ちこわしの激発に象徴される社会不安は、深刻な影響を多方面に及ぼした。幕府に対する批判は高まり、諸大名も深刻な財政困難に陥って、幕藩関係に軋《きし》みが生じはじめた。さらには、ロシアの南下と貿易要求など対外的な危機も迫り、対外関係の秩序も動揺しはじめた。幕府の「御威光」を立て直し、混沌としはじめた政治的、外交的秩序を再構築し、政治的統合をはかる必要性が感じられるに至った。

また、都市構造が変化し、家持《いえもち》＝地主層の減少による町共同体の変質は、その精神的紐帯《ちゆうたい》としての氏神信仰を衰退させ、農村でも農民層分解による村落構造の変化は、村共同体を動揺させ、その精神的紐帯としての氏神、産土神信仰《うぶすながみしんこう》を動揺させ、流行神《はやりがみ》の盛行に示される宗教的混沌がおこり、それに対し、いわば民心の宗教的、精神的統合をはかる必要性も感じられるようになった。

このように、十八世紀末は、政治的（対外関係を含む）、社会的、宗教的に混沌としはじめた時期であり、それへの対応として政治的、社会的、宗教的再統合が模索されていた時代ということができそうである。ここに、天皇・朝廷が政治的・イデオロギー的に浮上する客観的条件があった。だが、天皇・朝廷は「掌中の玉」としてただ利用されるだけだったのだろうか。そのあたりを、十八世紀末以降の天皇――具体的には光格天皇――と朝廷の動きにスポットをあててみてみたい。

第二章　光格天皇の登場

1　光格天皇という事件

評伝　光格天皇

光格《こうかく》天皇は、どこか理念的な天皇像を追い求めるところのある人だった。九歳という幼少で、しかも閑院宮家《かんいんのみやけ》という傍系から、文字どおりはからずも天皇位についたがゆえのなせる業でもあろうか、君主としての天皇像を強烈に意識し、それにふさわしい権威と威厳の回復に、執念とも思える渾身《こんしん》の力をふり絞った七十年の生涯であった。天皇在位三十九年という歴代天皇のなかでも異例の長きに及び、しかも譲位後は上皇、院としてさらに二十三年ものあいだ君臨した。

天皇はまた、ときに江戸幕府と激しく衝突しながら、なおその主張を貫こうとする強靱《きょうじん》な意志の持ち主でもあった。天皇・院としての六十二年という長い時間をかけて、ようよう本格的な曲がり角を迎え、腐朽しはじめた江戸時代の政治的、社会的状況のなかで、天皇・朝廷の復古的権威の強化を積極的にはかり、きたるべき激動の幕末政治史のなかで、天皇・朝廷がその主役に躍りでる基礎的条件を主体的に切りひらいていった。

　そのような歴史的な役割をはたした生涯のモニュメントが、死後に贈られた「光格天皇」という、九百数十年ぶりに復活した謚号《しごう》と天皇号だった。「顔」の見えない、イメージのわかない人の多い江戸時代の天皇のなかで、「顔」の輪郭がわりとよく見え、イメージを描ける天皇であった。

　なお、光格天皇に関する公刊された伝記などはないようである。

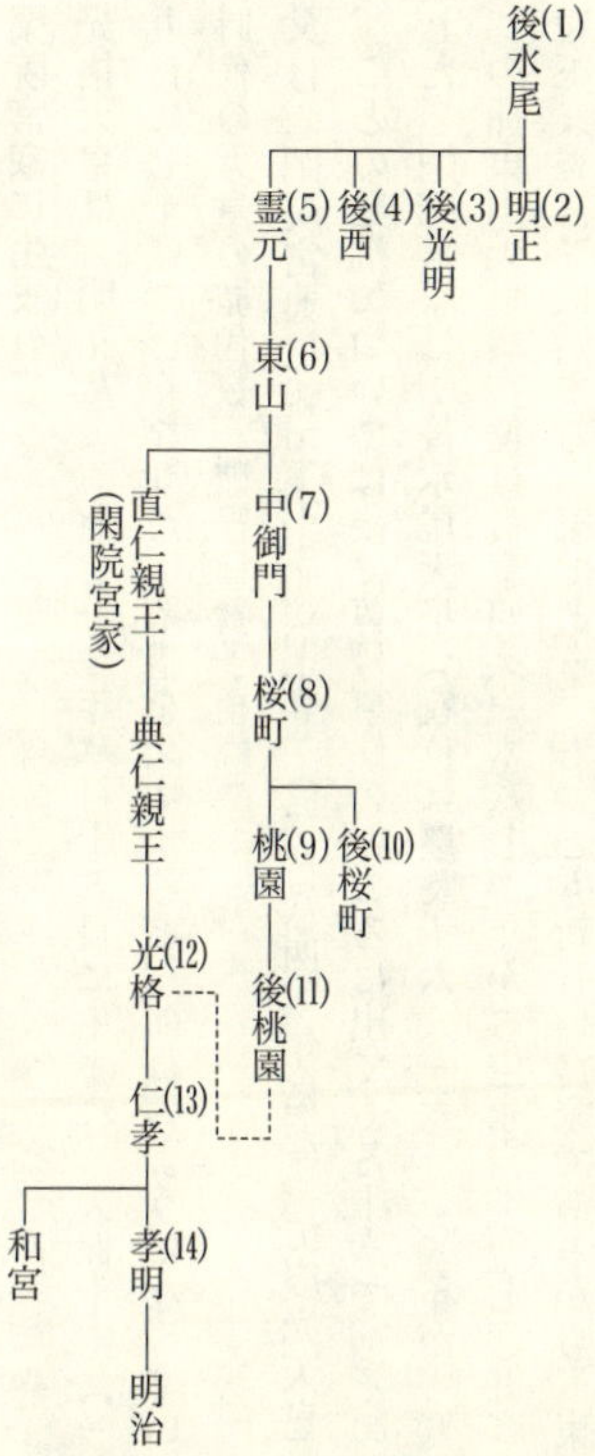

天皇系譜

閑院宮家に生まれて

光格天皇は、明和《めいわ》八（一七七一）年八月十五日に生まれ、天保《てんぽう》十一（一八四〇）年十一月十九日に七十歳で亡くなった。系譜を図にすると、前頁のようになっている（脇の数字は江戸時代の天皇の歴代数。破線は養子相続）。

父は、閑院宮典仁《すけひと》親王——明治十七（一八八四）年になって慶光《きょうこう》天皇と追贈された親王で、ことの発端については後に尊号事件のところに出てくる——で、その第六王子として誕生した。閑院宮家は、後水尾《ごみずのお》天皇（在位は慶長十六〈一六一一〉年から寛永六〈一六二九〉年）の孫東山天皇（在位は貞享四〈一六八七〉年から宝永六〈一七〇九〉年）の第六皇子直仁親王（秀宮）に始まる宮家である。もっとも新しい宮家であるから、東山天皇以後の歴代天皇とは他の宮家より血縁的には濃い。

宮家の創設は、宝永七（一七一〇）年で、享保三（一七一八）年に宮号が閑院宮と定められた。この宮家の創設は、新井《あらい》白石《はくせき》の意見によるものである。

徳川将軍家では、家康—秀忠《ひでただ》—家光《いえみつ》—家綱《いえつな》と、四代までは親から子へ順調に将軍職を世襲してきた。だが、五代綱吉《つなよし》は家光の子で上州館林《たてばやし》二十五万石から家綱の養子となり、六代家《いえ》宣《のぶ》（新井白石が仕えた将軍）は家光の子の甲府二十五万石の綱重《つなしげ》の子で、綱吉の養子となっている。その後、七代家継《いえつぐ》は家宣の子であるが、八代吉宗は紀伊徳川家から将軍となっている。このように、将軍家では、親から子へと順調に将軍職を継嗣できなくなっていた。それゆえ、吉宗のときに、田安家《たやすけ》、一橋家《ひとつばしけ》、九代家重のときに清水家《しみずけ》という御三卿《ごさんきょう》が創設され、将軍継嗣の安定がはかられた。

江戸時代、天皇家一族ともいうべき世襲親王家は、伏見宮、有栖川宮《ありすがわ》、桂宮の三家があったが、新宮家創設に対する白石の発想の一つには、将軍家と同様の考えが働いたと考えられる。閑院宮家初代は直仁親王、二代が典仁親王、その典仁親王の第六王子が光格天皇である。兄弟には、美仁《はるひと》親王、深仁法親王、公顕法親王、公延法親王、宗恭、盈仁《えいにん》がいる。幼称は祐宮《さちのみや》。

誕生の翌年安永元年九月十六日には、聖護院《しょうごいん》宮忠誉《ちゅうよ》法親王の法統、法脈を継ぐべき付弟《ふてい》とされ、将来は出家し、聖護院門跡《もんぜき》を継ぐことが予定されていた。祐宮は、わずか数え二歳、何も知りようがない幼児のうちに将来が決められてしまった。

近代以降の皇室では、天皇の男の子は宮家を創設し、宮家の子も宮家を創設するしくみになっているが、江戸時代では、天皇の男の子は、宮家を新たに作ることはできないため、天皇を嗣ぐ男子以外は多くが出家し門跡寺院に入った。つまりは、天皇になるか出家するかの選択肢しか基本的にはなかったのである。まして、宮家の、しかも第六子に生まれた祐宮の将来は、多くの天皇の子や宮家の子と同じく出家する以外にはなかった。だから、祐宮はどの門跡寺院に入るかが話題になるだけで、その日の来るのを待つだけである。

光格天皇画像（泉涌寺所蔵）

皇位につく

祐宮は、聖護院に入る日を待って、御所を取り囲むように公家衆の屋敷が集中する、現在の京都御苑の南西の角にあった閑院宮邸で、幼少の日々を送っていた。

しかし、安永八（一七七九）年十一月、祐宮の運命は突然激変した。当時の後桃園《ごももぞの》天皇（在位は、明和七〈一七七〇〉年から安永八年）が、その年の七月ころから浮腫ができ、十月中旬にはかなり容体が悪化し、二十九日に皇嗣《こうし》を決めないうちに急逝してしまった。二十二歳の若さである。

後桃園天皇には、この年に生まれた女子しか子供がいなかったため、急遽次の天皇となるべき皇嗣を決めなければならなくなった。天皇の空位、空白をつくらないため、後桃園天皇の死は秘され、生きていることにして皇嗣について幕府と交渉をおこなった。そして、祐宮に白羽の矢がたてられたのである。十一月八日に、

主上《しゅじょう》御不豫《ふよ》御大切に及ばれ候、御継体《けいたい》無く、帥宮《そつのみや》息祐宮九歳御養子と為し践祚《せんそ》あるべくの

由、叡慮《えいりょ》御治定《じじょう》仰せ出され候事、（「公明卿記」東京大学史料編纂所所蔵）

と、関白九条尚実《くじょうなおざね》から祐宮を皇嗣とするという後桃園天皇の「叡慮」が公表された。ただちに祐宮は閑院宮邸から御所へ参内、まだ九歳である、よく事態を飲みこめないままに皇嗣としての生活が始まった。祐宮は「大王」と称され、天皇位の標識である剣璽《けんじ》がその日に清涼殿の夜御殿《よるのおとど》から小御所《こごしょ》へ移されている。

翌九日、今暁寅刻（午前四時）に後桃園天皇が亡くなったと公表された――実際の死から九日も経っている。十一月十三日には、祐宮は師仁《もろひと》と名づけられた（ただし、実際に師仁に決定されたのかどうか曖昧なところが残る）。そして、十六日間の天皇不在の空白――昭和天皇の死とともに現天皇が践祚《せんそ》して空白期間はなかったことを思い出してほしい――を経て、十一月二十五日には践祚して新天皇となり、翌年の十二月四日に即位礼を挙行している。践祚と同時に名を兼仁《ともひと》と改めている（なぜ改名したのかは不明。師の音が「し」で「死」に通じるので避けたとの説がある）。

なんとも慌ただしい天皇の代替りであり、祐宮は青天の霹靂《へきれき》のように天皇の位に就いてしまった。いずれにしても、わずか九歳の新天皇、兼仁天皇（「光格」は兼仁天皇没後におくられた諡号《しごう》であるが、以下の叙述には光格天皇を用いる）の誕生である。光格天皇より以前の江戸時代の天皇十一人の平均即位年齢を調べると、約十三歳となっている。明正《めいしょう》天皇と桃《もも》園《その》天皇の七歳がもっとも低く、中御門《なかみかど》天皇、そして光格天皇の九歳がそれに次ぐ。光格天皇の即位年齢が格別低かったとはいえないが、やはりかなり幼い天皇である。

先の系図をみてみると、この時期の皇位継承が不規則になっていることがわかる。桜町《さくらまち》天皇のあとを嗣いだ桃園天皇は、かの宝暦事件のおりの天皇であるが、わずか七歳で即位し、二十二歳で亡くなってしまった。ところが、あとを嗣ぐべき英仁《ひでひと》親王はまだ五歳と、あまりに幼いことを考慮して、桜町天皇の子で桃園天皇の姉、英仁親王の伯母にあたる智子《としこ》内親王が即位した。明正天皇に続く女帝、後桜町天皇である。後桜町天皇は、英仁親王が十三歳になるのを見はからって退位した。後桃園天皇の誕生である。

そしてすでに書いておいたように、後桃園天皇は在位十年、二十二歳で、皇嗣を決めないうちに生まれたばかりの女子を残して亡くなってしまった。皇位の継承という点では、不安定で危うい綱渡りの連続であった。そしてとうとう、閑院宮という宮家から天皇を迎えるという事態にまで立ち至ってしまったのである。その後は現在の天皇に至るまで、この閑院宮から出た皇統が続いている。

軽んじられる光格天皇

光格天皇が閑院宮家から皇位についたことには、大きな意味があったのではないか。当時の人びとのなかに、つぎのような見方をする者がいた。『小夜聞書《さよのききがき》』という、のちに説明する尊号事件に関する実録物風の本がある。現実におこった朝幕間の紛争事件に題材をとり、しかも朝廷に同情を寄せた内容なので、幕府の弾圧を恐れたのだろう、版本はなく密かに写本がたくさん作られた。その写本の一つに、寛政十三（一八〇一）年二月に作られたものが、東京大学総合図書館南葵《なんき》文庫に収められている。そのなかに、次のような記述がある。

当代の主上（天皇）は、閑院典仁親王の御末子にて、先帝後桃園院御不例《ふれい》の時に御養子になされ、程なく践祚《せんそ》ましましける、よって御血筋も遠く相なりし故に、諸人軽しめ奉るには非ずといえども、何やらん御実子の様には存じ奉《たてまつ》らず、一段軽きように存じ奉る族《やから》もこれありけり、右の趣にも候や、関東（幕府）の取りはからいも粗略なるように思われける、

光格天皇は、閑院宮家から養子となり皇統を嗣いだため、天皇家の血筋、血脈としては遠くなったので、公家、廷臣たちのあいだでは、実子が跡を嗣いだ場合より、軽く見る、軽く扱うというところがあったという。それは朝廷の内だけではなく、幕府の扱いにもそれが見られるという。天皇家の血筋から遠い、ということで光格天皇は軽んじられているというのである。

もっとも新しい宮家とはいえ、光格天皇からみると、義父後桃園天皇は又従兄弟《またいとこ》の子とい

う関係にあり、たしかにかなり遠縁といえる。もちろん真偽のほどはわからないが、血筋や血が濃いとか薄いとか、本流であるとか傍流・傍系だとかが問題となる、ないしそれが価値あるものとして意識されるわが国の社会では、それはありうることではないか。

血が薄いとか傍流だからといって軽く見られたり、軽く扱われるということは、まったく気分のよいものではない。光格天皇は、子供ながらも直観的に感じたかもしれない。まだ幼い光格天皇の行く末を案じたのであろうか、前の前の天皇で、いまは上皇となって仙洞御所《せんとう》に住む後桜町院は、天皇に学問を熱心にするよう勧めた。

その訓導にもよるのであろう、学問好きの天皇だったらしく、天明八（一七八八）年十月に、後桜町院は、天皇が学問好きなのを称揚し、公家たちも天皇を見習って熱心に学問するようにと勧奨《かんしょう》しているほどである。さきの『小夜聞書』にも、「殊に御学文《がくもん》を好ませ給い、わが国の歌道、また有職《ゆうそく》の道に御心をつくさせ給い」と書かれている。世間にも知られた好学の天皇であった。

評伝のところで、どこか理念的な天皇像を追い求めるところがあると書いておいたが、傍流から天皇になったことにその所以《ゆえん》があるのではなかろうか。天皇の血筋が薄く、周囲から軽く見られることに対して、朝廷内での自己の権威の確立と強化のためという理由のほかに、傍流であるがゆえになおさらというべきか、理念的な天皇像を追い、それを現実に演じようとしたのではなかったか。そう考えると、閑院宮家から天皇の位についたこと自体は偶然のことながら、後世に大きな意義をもたらしたことになる。

若くして、朝廷の中心に

幼少期のことはよくわからないが、学問好き以外で政治的に重要で特筆すべき点だけ紹介しておきたい。

つぎの史料（東京大学史料編纂所所蔵「松平定教《さだのり》文書」）は、天明八年八月に関白鷹司輔《たかつかさすけ》平《ひら》が、幕府の老中松平定信に送った書状の一節である。光格天皇の政治的動向を窺い知ることのできる重要な内容を含んでいる。

全体関白内覧《ないらん》の儀は、文書以下進止《しんじ》の儀、及ばずながら心一倍に取り計らい候えども、摂政中と関白の時とは、諸事の商量も違い候ことどもに候、桜町院早く脱屣《だっし》（二十二歳で譲位）以後、おいおい主上御宝算《ほうさん》（天皇の年齢）も御短く、あるいは女帝などにて摂政のみ打ち続き、たまさか暫らく関白の間も、なお幼主または御虚弱にならせられ候て、准《じゅん》摂政の商量候いき、当時成長の聖主（光格天皇）、そのうえ九条故准后《じゅごう》（九条尚実）前関白復《ふく》辟《へき》の日より発病にて、直に三ヵ年出仕の由の間、なおさら御早く御政事に馴らせられ、一、二の近臣など御咄《はな》しども申し上げ候哉、ことさら御壮健にて万事聞こし召され、近代これ無き恐悦の折りがら、いかばかり忝《かたじけな》く畏《かしこ》まり入り候ことどもに候、桜町天皇から始まる皇位継承の不安定さを指摘するとともに、天皇が幼少であったり、女帝であったため摂政の置かれた期間が長く、わずかなあいだ関白が置かれた時期もあったが、天皇が幼少ないし虚弱であったために、摂政と変わるところがなかったという。天皇の政務を補佐するのが関白で、天皇に代わって政務を行なうのが摂政であるが、この三十数年間はほとんど摂政がつづいた。つまり、天皇は在位しても、政務に携わることはなかったという意味である。

光格天皇が践祚した安永八年は、九条尚実六十三歳が摂政を務めた。安永十年(改元があり天明元年となる)正月に、光格天皇は十一歳で元服したが、九条尚実がなお摂政として政務をみていたので、天皇と政務の関わりはそれ以前と変わりがなかった。九条は、天明五年二月に「復辟《ふくへき》」、すなわち摂政を辞職し、関白に就任した。それからすぐに発病してしまったが、なお足かけ三年(正味二年)在職し、天明七年三月辞職した。

九条関白は在職していたものの、病気のためその職務を十全には果たすことができなかった。そのためもあって、幸いにというべきかまことに偶然に、光格天皇は早くから朝廷内の政治、政務に慣れ、一、二名の近臣と相談しながら自身で政務をこなしていたという。この状況は、それ以前の約三十五年間、三代の天皇とは大違いである。

鷹司輔平の手紙が書かれた天明八年には、光格天皇は数え十八歳の青年となっている。そてのころまでには、すでに一、二の近臣の助けをかりて自ら朝廷政務を主宰するまでに至っていたようである。ここ数代の天皇とは異なり、年若いにもかかわらずしっかりと朝廷の中心に座っていた。その一、二の近臣の一人が、議奏《ぎそう》という役職にいた前権大納言中山愛親《なかやまなるちか》である。愛親については、あとで何度も触れることになる。光格天皇は、その中山愛親などの助けをうけながら、朝廷のもろもろの朝儀や神事祭祀を復古的に再興し、天皇と朝廷の権威の強化を精力的に図っていった。

そこに、「追い風」が吹いてきた。

2　天明の大飢饉と光格天皇

飢饉がおこると天皇の権威があがる

「追い風」が吹いてきたと書いたから持ち出すわけではないのだが、〝風が吹くとおけ屋が儲かる〟という、有名な理屈がある。この手の理屈はいろいろな場面で応用され、意外性のある面白い話が作られることがある。光格天皇の少年期にかかわると、浅間山が噴火したらフランス大革命がおこったという話がある。規模壮大な話であるが、天明三（一七八三）年に大噴火した浅間山の火山灰が、偏西風に乗ってヨーロッパ上空にまで達し、このためフランスでは凶作が続き、一七八九年のフランス革命の遠因となったという話である。

ここでもその理屈を少し利用させてもらおう。〝大飢饉がおこったら光格天皇の権威があがった〟という話である。大飢饉がおこったらなぜ光格天皇の権威があがったのか、その理屈を解説してゆこう。

築地塀の周りを廻る老若男女

それは、天明七（一七八七）年六月七日から始まった。

その日、御所を囲む築地塀《ついじべい》の周り――一周すると約十二町というから、およそ千三百メートルほどになる――を廻る人の姿が、一人、二人ちらほらと見受けられた。ある記録によれば、どこからか老人が一人きて、御所の周りを廻る「御千度《おせんど》」をしたのがその発端だという。『杉浦家歴代日記』には、七日は四、五十人という程度であったが、次第にその数を増し、わずか三日後の十日には、なんと一万人もの老若男女が群集し、築地塀の周りを廻ったと記されている。ところが、お公家さんの中原師武《なかはらもろたけ》は、日記『大外記《だいげき》師武記』二十二（国立公文書館所蔵）の六月十日のところに、その人数は三万人と記録している。どちらが正しい数字なのかいまさら確かめようもないが、どちらにしても爆発的な増え方だったことだけはまちがいない。

御所の周りを廻る人の数は、日をおって増え、さきの『杉浦家歴代日記』によると、六月十八日の前後四、五日間には、とうとう一日に約七万人にまで膨れあがったという。中原師

京都御所の築地塀

武は、「夥《おびただ》しい」と表現するだけで、具体的な数字を記していないのでよくわからない。こちらあたりが人数的にはピークだったようで、六月二十八日頃にはようやく減ってきて、日によって多少の増減はみられたものの、しだいに終息していった。しかしおよそ二ヵ月たった九月二日になっても、完全には終わらず、なお御所の周りを廻る姿がみられたようである。

御所千度参りの熱狂

御所に集まり、築地塀の周りを廻った人々の行動の具体的な様子はつぎのようなものだった。ひとりが一度に何遍廻ったのか、一遍ということはなかったようであるが、たしかなことはわからない。当時の御所には、日御門《ひのごもん》、朔平門《さくへいもん》など門が六つあった。安永九（一七八〇）年に作られた『都名所図会《ずえ》』一の「内裏の図」に描かれた御所の絵を頼りに、築地塀の周りを当時の人になったつもりで歩いてみよう。御所東側の日御門通りの築地を南に向かって歩くと日御門に出る、さらに進むと角になり、そこを右に曲がり塀に沿って真っすぐ行くと、築地塀が引っこむように屈曲し、そこに南門がある、南門の前面には敷石があり、その前に少し低い柵の垣根がしつらえられている。この南門は、平安時代の内裏でいえば建礼門《けんれいもん》に相当する門である。その門から真北に相対して正門である承明門《しょうめいもん》があり、その真北に御所の正殿で、もっとも重要な殿舎である紫宸殿《ししんでん》が位置している。

築地塀を廻った人々は、この南門の前に着くと柵の外で立ち止まり、懐《ふところ》から取り出した銭を南門前面の敷石に投げいれ、南門から真北の紫宸殿に向け手を合わせ、何ごとかを念じながら拝礼した。なかには、願いごとを書いた色紙で銭十二枚を包み投げいれる者もいた。現代の初詣の光景を思い浮かべるとピッタリくるのではないか。南門と柵に囲まれた敷石部分を、大きな賽銭箱《さいせんばこ》に見立てればそれでよいわけだから。寺院の本尊、神社の祭神に向かって賽銭を投げ、願いごとを念じながら深々と頭を垂れる拝礼のようすと、なんら変わるところはないのではないか。天皇を神仏に見たてたにほかならない。

このような人々の行動を何と呼べばよいのだろうか。当時の人は、この行動をどのように見ていたのだろうか。左大臣の一条輝良《てるよし》は、日記『輝良公記』（東京大学史料編纂所所蔵写本）のなかで「千度」と書き、千度参りと理解している。中原師武は「禁裏《きんり》（御所）御築地の四方諸人廻勤」「禁裏御所巡参」「禁中参詣巡参」などと表現し、御所参詣のためその周りをグルグル廻っている、というとらえかたである。お公家さん以外の身分の者は、「御築地の外を千度歩み廻る」「禁裏御所へ御千度参り」「御所様へ御千度」などと表現している。

当時の人のとらえ方に従えば、御所を囲む築地塀の周りを廻り、南門のところで御所に拝礼するという形式の人々の行動は、「御所千度参り」と呼んでよいようである。以後、「御所千度参り」の語を使うことにしよう。

伊勢おかげ参りの如し

ピーク時には七万人ともいわれる人々は、いったいどこからやって来たのだろうか。京都の住民が多かったのは当然のことながら、最初は自然発生的なものだったろうが、個々人がバラバラにやってくるだけでは、とてもあれほどには膨れあがらなかっただろう。京都占出《うらで》山《やま》町の史料（『史料　京都の歴史』五—四五三頁。平凡社、一九八四年）によると、当初は思い思いに行ったが、後には町ごとに、または数町が一緒になって打ち揃って行くようになったという。町内や隣町といった住民の生活単位を基礎とした、組織的な集団参拝という形になっていったのである。こうなれば町を単位とした組織的な動員も可能となり、千度参りの人数は飛躍的に増大したであろうことは想像にかたくない。

だが、千度参りの人々はどうも京都の人ばかりではなかったようだ。京都で爆発的に起こった前代未聞の御所千度参りの噂は、またたくまに大坂や近国に広まった。とくに大坂から京都へ上ってくる人が、群を抜いて多かった。『落葉集《おちばしゅう》』九（国立公文書館所蔵）という史料集に収められた京都の住人の手紙によると、大坂ではこの千度参りの噂でもちきりとなり、われもわれもと京をめざしたので、目ざといというか信心深いというべきか定かではないが、大坂から伏見まで淀川を通う淀船の経営者が、船賃を通常なら百六十四文のところを半額の八十文にした施行《せぎょう》船を仕立て、千度参りの客を運んだという。

他の史料にも、御所千度参りに行くといえば運賃を安くした、という話が載っているので、ただ儲けようとしただけではなく、施し心もあったようだ。その意味では、この淀船の経営者も御所千度参りに参加しているといえる。

さきほどの『落葉集』に収められた手紙を読むと、京都に近い河内《かわち》や近江《おうみ》あたりからも続々とやってきている。その人々のようすは、その手紙の筆者の表現を借りると、「浮かれ出る」というもので、それは、明和八（一七七一）年に大流行した伊勢おかげ参りのようだという。爆発的に、そして沸きたつように、また熱病のように、のべ百万人をこえる人々が伊勢神宮をめざした、あのおかげ参りを彷彿させるものが、この御所千度参りにはあったようだ。

京都市中の住民に加え、大坂さらには河内・近江あたりからも、続々と御所に集まるようすを想像すると、御所への道は千度参りに向かう人々の行列が蟻のように連なり、御所の周辺は人で溢れかえっていただろう。伊勢おかげ参りのおりには、伊勢への沿道で茶や酒、食事などをふるまう接待が行なわれたが、この千度参りにも同じように接待がみられた。さきの京都の住人の手紙によると、御所では築地塀の周囲の溝を掃除し、御所内の池の水を流したという。旧暦の六月というもっとも暑さのきびしい時分に集まった人々に、いささかでも暑さをしのがせるため手や顔を洗うのに使わせようとしたのであろうか、冷たい湧き水を、きれいにした溝に注いだ。

仙洞御所、すなわち後桜町上皇からは、りんごがふるまわれた。ここでいうりんごは、その頃がちょうど実の熟すときで、しかも暑さを癒すのにピッタリといわれる酸味の強い小りんごのことだろう。一人に一個ずつ配ったところ、用意した三万個が昼すぎにはもうなくなったという。いかに千度参りの人の数が多かったかが偲ばれるではないか。ほかの史料によると、仙洞御所からは赤飯も施されたようである。

御所の北東に隣接する有栖川宮家、北西に隣接する一条家などからは、門前で茶がふるまわれ、また、御所から南に下った九条家や鷹司家などからは握り飯が配られたという。おかげ参り同様に宗教行動に対する施しとしての接待が、天皇、上皇、宮家、公家たちからさかんにおこなわれたようである。

何万もの人が御所周辺に集まるのであるから、施しとしての接待ではない商売人も出てくる。菓子、酒と肴、トコロテンや瓜を商う露天商が、なんと五、六百人も出たという。現代でも、お祭りや行事・集会など人の多く集まるところには、焼きそばやタコ焼き、ジュースやビールの露店が必ず出る。つきもののようでもあるし、また祭りなどの雰囲気を盛りあげる小道具の役割も果たしている。

御所とその周辺は、御所千度参りをするため何万もの人が集まり、施しとしての接待のほかに、たくさんの露天商が出て賑わう。筆者は、二年半ほど前の二月に北野天神に行ったさい、お百度参りする老婦人の姿を見かけたことがある。その場には、そして厳粛に祈願するその姿には、おごそかな宗教的雰囲気が満ち満ちていて、心打たれるものを感じた体験がある。この御所千度参りも、最初はそのようなものであったろうが、爆発的に人数が膨れあがるや、現代の初詣か大寺社の祭礼かのような、なにか浮き浮きとした様相、雰囲気が漂ってくる。御所千度参りも、祭り的な様相を帯びてきたようである。

飢饉だからといって飢えたり生活が苦しくなるなどということと無縁の裕福な町人も、女性や使用人などを供に連れて見物にやってくる。そして、その場の雰囲気にのまれて知らず知らずのうちに千度参りの渦に巻き込まれ、何遍か御所の周りを廻ってしまったという。さらには、京都の遊里である祇園や島原からは遊女が、そして茶屋町からもきれいどころが着飾って、御所にやってくる。御所千度参りをさらにお祭りらしくし、雰囲気を盛りあげる役割を果たしている。

民衆が天皇を神仏視

人々は、御所千度参りをして、御所＝天皇に何を祈願したのだろうか。裕福な町人や、遊女・きれいどころが何を祈願したのかわからないが、多くの人たちは、当時の史料に、「飢《き》渇《かつ》困窮につき祈誓《きせい》」「米穀不自由につき」「難渋祈願」「米穀段々高値になり……人民いたって困窮し難儀に及ぶ」「五穀成就の祈り」などと記されていることから、天明飢饉のピークで米価が高騰し、差し迫った生活苦や飢えの苦しみからの救済と五穀豊作を祈願したようである。

民衆は、飢饉の苦痛からの救済と五穀豊作という現世利益を、神社仏閣に詣り神仏に祈願するのと同じように、また、さまざまな願いごとをかなえてくれる流行神《はやりがみ》に詣でるのと同じように、天皇に願かけするために御所に参詣し、お賽銭を投じた。天皇を神仏と同列視し、その聖なる天皇の居住する御所に人々は参詣し祈願したのだろう。

この千度参りには、民衆が天皇を神仏視したことが示されているが、他の寺社の神仏に祈っても効験がなかったから、より霊験あらたかな天皇に祈願した、というわけではなかった。実は、純粋な宗教的動機、衝動だけで始まったのではなかった。米価が高騰し、餓死者もたくさん出るというきわめて困難な事態に直面した人々は、米価の引き下げ、飢人の救済を京都町奉行所に繰りかえし嘆願した。ところが、京都の市政を担当する幕府諸役所は、いっこうに有効な対策をとらなかった。

もはや町奉行所に頼んでもラチが明かないと悟った人々は、御所千度参りというかたちで天皇に救済を祈願し訴えたのである。政治的行動が、御所千度参りという宗教的ベールをかけられておこなわれたともいえよう。大飢饉という未曾有《みぞう》の深刻な社会不安に直面し、その打開のために天皇・朝廷に対する民衆の漠然とした期待感が、表出した行動と理解できる。

なお、天皇を神仏視する民衆の心意と、その宗教行動が千度参りというかたちをとった理由については、なお検討しなければならない課題である。いずれにしても、京都とその近国だけの出来事ではあるが、少なくともこの地域での天皇の権威はいやがうえにも高まったことであろう。それとは反対に、前章で指摘したように、幕府の御威光、権威はガタ落ちとなっていった。

公家の眼

全国的には一揆・打ちこわしの嵐が吹き荒れ、江戸でも大打ちこわしがおこったほどである。朝廷側、お公家さんたちは、どのような眼でこの事態をみていたのだろうか。正二位権大納言という高位の公家である今出川実種《いまでがわさねたね》は、自身の日記『実種公記』（東京大学史料編纂所所蔵）の天明七年五月十九日の条に、

大坂町家の者一揆をなす、米穀商人の家々を打ちくだく、去る十一日より日々くだくの

> 間、既に数十家に及ぶ、堺辺・播州・紀州など又かくの如しと云々、これ全く諸奉行闇昧《あんまい》のゆえと云々、大乱近きにあり、人々眉を顰《ひそ》む、

と書いている。京都に近い大坂や堺、播磨、紀伊における打ちこわしの情報を聞いての記事だが、幕府の奉行たちが悪いからだと批判し、大乱が近いのではと憂えている。六月四日の条には、はるか遠い江戸の打ちこわしについて書いている。

> 伝え聞く、去る十九日より二十四日、関東騒動すと云々、これまた窮民一揆を催す、町家を打ちくだく、数百人群集し金鼓《きんこ》をもって進退す、拒まんと欲するの輩は、各々竹槍の如き兵具相備え、鹿垣《ししがき》を結《ゆ》い打ち合うと云々、偏《ひとえ》に兵乱の如し、説《と》くべからず説くべからず、

打ちこわし勢は鉦《かね》や太鼓を鳴らして号令をかけ行動し、これに対抗する側も鹿垣を造って防衛線を敷き、竹槍のような武器をもって迎え撃っているというようすを聞き、戦乱のようだと感想を記す。全国各地での一揆・打ちこわしの情報を得て、全国的な大乱になるのではといういい知れぬ不安に襲われるとともに、このような事態を引きおこした幕府に対する批判を暗にこめている。

そもそも「武威」に裏打ちされた将軍の御威光により天下太平を維持することが求めら

れ、また太平を維持することにより御威光のありがたさも増すのである。しかるに、お膝元の江戸ですら町人が打ちこわしをおこし、戦乱のようなありさまだと伝えられるていたらくであるから、将軍の「武威」「御威光」に対する懐疑が生じるのは当然であろう。

凶作が続き、江戸時代最悪ともいわれる天明の大飢饉となった。凶作はおこりうることであるが、凶作が飢饉になるかどうかは政治の問題である。十分な食料の備蓄があるならば、凶作だからといってただちに飢饉になるわけではない。凶作に備えた備蓄を怠った幕府の失政こそが飢饉の直接の原因であり、その点で幕府の政治責任は重い。その責任をきびしく追及したのが、全国各地の一揆・打ちこわしであった。そして同時に、それは幕府の御威光、権威を著しく失墜させた。

朝廷からすれば「敵失」である。将軍、幕府が、みずからの失政によりその威光・権威を低下させたのだから。

そしてそれは、相対的に天皇、朝廷の権威を高めることになった。「御所千度参り」などは、民衆レベルでは流行神仏的ではあるが、象徴的な出来事といえよう。

天皇が指図する窮民救済策

全国的な飢饉で多くの人々が飢えに苦しみ、江戸・大坂を始めとする都会では打ちこわしが激発し、そして京都では御所千度参りが熱病のようにおこなわれている、ちょうどその時を見はからったかのように、光格天皇と朝廷が行動をおこした。まさに絶妙のタイミングである。

一日に何万もの人が御所千度参りの列に加わった六月十二日に、具体的な行動がはじまった。光格天皇の意向を受けた関白鷹司輔平《たかつかさすけひら》が、武家伝奏の油小路《あぶらのこうじ》隆前《たかちか》と久我《こが》信通《のぶみち》を呼び、つぎのようなことを指示している。

世上困窮し、飢渇《きかつ》死亡の者数多《あまた》これあるのよし、内院（天皇と上皇）はなはだ不便《ふびん》に思し召され、毎々御沙汰もこれあり候、施し米の賑給《しんごう》などの事も、陣儀かれこれ相調いまじきか、関東より救い米など差し出され、貧窮を恤《すく》われ候ようには相成りまじきか、御差図も遊ばれ難きか、頃日《このごろ》雑人《ぞうにん》日々御築地内相廻り、拝礼致し候、全く飢渇困窮につき祈誓の趣に候、かれこれ甚だ宸襟《しんきん》を労《なやま》され候、因幡守（京都所司代戸田忠寛）へ示談の致し方はこれ無きや、両人了簡《りようけん》を加え申し入るべきよしなり、先日命あり今日再三命じらる、

（宮内庁書陵部所蔵『油小路隆前卿伝奏記』二）

光格天皇と後桜町上皇は、飢饉により飢死者がたくさん出ているということを聞いて非常に不憫《ふびん》に思い、なんとかならないのかとしきりに指図したという。その内容は、朝廷がおこなう窮民救済である賑給――「しんごう」と読み、古代の朝廷が毎年五月に全国の貧窮民に

対して米や塩を賜った儀式で、次第に都のなかに限られるようになったという――はできないのか、幕府が米を放出して窮民を救済することはできないのか、それを朝廷から幕府へ指図はできないのか、というもので、天皇は御所千度参りのことも知っていたらしく、いろいろと心を悩ましているという。

朝廷は、千度参りに好意的

御所千度参りについて天皇も知っていた。この御所千度参りに対して、有栖川宮《ありすがわのみや》や公家たちが接待していたことはすでに触れた。前の『落葉集』に収められている京都の住人の手紙によると、幕府側がこの御所千度参りをやめさせましょうかと朝廷に伺いをたてたところ、後桜町上皇は、信心で参詣しているのだから差しとめるには及ばないと答えたという。朝廷側は、迷惑がるどころか、かなり好意的だった。

朝廷は、御所千度参りは飢饉に苦しむ民衆が、救済を求めて御所・天皇に祈っているのであるから、群集しすぎて混乱や不祥事が起こることさえなければ、あえて制止することはない、という姿勢であった。ただ、南門へのお賽銭《さいせん》には困ったらしい。『落葉集』所収の手紙には、一日に銭四十貫文と書かれていた。寛永通宝なら四万枚ということになる。朝廷でも、「雑人散銭《さんせん》（賽銭）数多これあり」（『油小路隆前卿伝奏記』）と認識しているくらいだから、かなりの数にのぼったのだろう。そこで、飢饉で飢え難渋しているのだから、わずかずつでも賽銭を投ずることは無用だ、というもっともな理由をつけて、お賽銭を投げることを制止するよう、幕府側に申し入れている。

申し入れは口頭でおずおずと

天皇の再三にわたる指示をうけた関白鷹司輔平が、武家伝奏に対して京都所司代の戸田忠《ただ》寛《とお》と窮民救済の交渉をするようにと命じた。武家伝奏両名は、二日後の六月十四日に御所に参内した所司代戸田に面会し、関白から命じられた窮民救済について説明したうえ、その趣旨を文書にして渡している。

この文書を渡すさいの武家伝奏の態度には、当時の朝廷と幕府との関係がじつによく示されている。油小路隆前は、「演説書をもって申し談じ候わけにてはこれ無く、誠に申し取り相違無きための書付のよし、くれぐれこれを示す」と書きとめている。所司代に渡した文書の性格について、窮民救済を文書で申し入れたというわけではなく、行き違いがあってはいけないので、口頭で申し入れたことを念のため文書にしたまでのことだ（文書のほうが口頭より重い）、と繰りかえし説明したというのである。

文書を受けとった所司代は、江戸の老中に送った上申書の中で、「急度（「きっと」と読み、屹度に同じ）いたし候儀にはこれ無く、口上《こうじょう》の趣書き取られ候由」と説明している。要するに、文書で厳重に申し入れたというものではなく、口頭でおこなった申し入れを文書にしたまで、という武家伝奏の説明をそのまま伝えたのである。

朝廷の窮民救済の申し入れは、文書による厳重なものではなく、それより一段トーンの劣る口頭での申し入れであって、文書にしたのは念のためにすぎないというのが、朝廷と幕府の共通の理解なのである。

朝廷側には、おずおずというかおそるおそるという態度がありありと見える。それもそのはずである、飢饉で飢えて苦しんでいる民衆を、なんとか救済するようになどと朝廷が幕府に申し入れるなど、かつてなかったからである。朝廷が幕府の政治に口を出すなどということは、それ以前にまったくなかった。まさに異例中の異例である。この異例の申し入れをリードしたのが光格天皇だったことは、いままでの経緯で明らかだろう。

江戸時代はなに事も先例主義だから、先例さえあれば何の問題にもならないのだが、先例にないようなこと、なかでも先例を破るのは大変なことである。この申し入れは、先例にないというよりは先例を破るという性格のものと考えられる。それゆえ朝廷側は、こんな先例を破るような申し入れをしたら、幕府が猛反発して大問題になるのではないかと心配だったのではなかろうか。それが、文書の性格をめぐるおずおずとした態度となってあらわれたのだろう。だが、朝廷は思い切って申し入れてしまった。その後どうなったのだろうか。

千五百石の救い米を放出

所司代戸田忠寛は、武家伝奏の心配をよそに、難色を示すこともなく文書を受け取り、窮民救済について江戸の老中と掛けあっているところだが、なお考えてみたいと返答している。たしかに戸田は、朝廷からの申し入れより前に、京都における飢饉の実情を江戸に報告し、六月二十二日付けで、米五百石（七・五トン）まで救済手当てに使ってかまわないという老中の指示を受けている。

そしてこの朝廷の申し入れをうけて、六月二十八日付けで、御所千度参りの状況と申し入れの趣旨を、武家伝奏から受け取った文書を添えて江戸に報じている。それと同時に戸田は、窮民救済対策を書付《かきつけ》にして武家伝奏に渡した。七月八日には、救い米五百石を放出するようにと京都町奉行に指示し、その旨を朝廷に伝えている。

所司代からの報告をうけた老中は、この件を勘定奉行《かんじょうぶぎょう》に評議《ひょうぎ》させたうえ、前月の五百石の他に追加措置が必要ならば、所司代の判断で取計らうようにとの指示を、七月十八日付けで出している。これをうけて戸田は、八月五日に救い米千石（十五トン）の放出を京都町奉行に命じ、これも朝廷に報じている（国立公文書館所蔵「御勝手方御用留」）。

このように、朝廷の異例の申し入れは、朝廷側が心配するようなことは引きおこさず――所司代さらには老中の段階まで、表面的にはなんら問題とされた形跡はみあたらない――、幕府にあわせて千五百石の救い米を放出させるという成果をもたらしたのである。

直談判に持ちこむ

朝廷は、依然として飢餓状態が続き、御所千度参りも終息しないという事態を重く見たのか、関白鷹司輔平と所司代戸田忠寛との直談判を実現させようと働きかけた。八月一日に御所に参内した戸田と、武家伝奏が交渉している。その会話を再現してみよう（『油小路隆前卿伝奏記』二）。

武家伝奏　関白鷹司輔平殿から、世の中の窮状に関して所司代と話したいので、関白の屋敷へ来てくれないか、なお武家伝奏両名も同席させたい、と仰せがありました、所司代の方に支障はありませんか。

所司代　そういうことは以前からありますか。

武家伝奏　一条道香《みちか》が関白のころ（宝暦五〈一七五五〉年から宝暦七年まで在職）には、所司代の酒井忠用《ただもち》（宝暦二年から同六年まで在職）が、よく関白邸を訪れ直接に談判していたようです、ただその頃のことは、武家伝奏の前任者に聞いてみましたが、よくわからないようでした。また、近衛内前《うちさき》が関白のころ（宝暦七年から同十二年、安永元〈一七七二〉年から同七年まで在職）、とくに宝暦八年のいわゆる宝暦事件の時には、所司代が関白邸を訪れ、前任の武家伝奏も同席して談判がおこなわれました。思いがけなく出会った、というかたちだった

所司代　と思いますが。

それはずいぶんと前のことで、しかも長く中絶している、現在の幕府がどう考えるかについてはいささか心もとない、そのうえ、現在の殺気だった世情で、武家伝奏両名と所司代の私が揃って関白邸を訪れるならば、いろいろと憶測や風聞が飛びかい、混乱を増幅させることになりかねない。救い米については近日中に指示する（これが八月五日の千石の放出になる）ので、それでもなお是非とも面談したいということであれば、武家伝奏から私に申し入れて下さい、その時に考えますから。

御所千度参りについてですが、老中に報告したところ、容易ならざることなので所司代の方で対処を考えろと指示されました、際限のないことなので御所千度参りは差し止めたいと思うので、近日その件を申し入れるつもりです（八月五日に差し止めを申し入れている）。

窮民救済を申し入れたが、幕府が事態の有効な打開策をとらないことに業をにやしたのだろう、さらなる圧力をかけるためか関白と所司代の直談判に持ちこもうとしたのである。武家伝奏は宝暦事件の前例などを持ち出して迫っているが、所司代戸田忠寛は及び腰である。所司代が関白邸へおもむいて直談判するという形式や、過大な要求を呑まされかねないこと

会話である。を警戒したのだろう。窮民救済に奔走する朝廷と及び腰の幕府、という図式が浮かびあがる

民衆の願望がこめられた偽文書

朝廷が幕府に窮民救済を申し入れ、幕府がそれに応えて救い米の放出などの措置をとったというかたちになった。人民の支配、統治などという政治上の事柄で、朝廷が何事かを申し入れ――もっと強く表現すれば、朝廷が幕府の政治に介入したことになる――、幕府がそれに従ったなどということは、前代未聞のことである。朝廷と幕府との間では記憶され記録に留められる事柄ではあるが、世間一般にはどうであったのだろうか。その噂がパッと広まって、ということにはならなかったようだが、いくらか一般にも知られたのではないかと思わせる材料がある。

そのひとつは、朝廷が窮民救済を幕府に命じる勅書を出したという噂である。つぎの史料がその勅書なるものである。

米穀高価一統
困窮落塗炭
不安

宸襟被　思召之間
万民安堵之可成
懐を様可取計
関白殿被　命に付
執達依而如件
月日　　両伝奏
　　　　老中衆

内容は、飢饉による米価の高騰で万民が困窮し、大変な苦境に陥った事態を天皇が憂慮しているので、人々が安心して生活できるような措置を幕府が講じるように、という関白の命令を武家伝奏が老中に伝達した、という内容である。この「勅書」は、『北叟遺言《ほくそういげん》』第三十冊（東京大学史料編纂所所蔵）には「勅書の覚」、『落葉集』十五には「綸言《りんげん》米世話」として写され、『天明大政録』（『日本経済大典』第二十二巻、三二一頁、啓明社、一九二九年）などにも収められている。今のところこの三点しか見あたらないが、ある程度は流布したものらしい。

窮民救済を命じた勅書が出された形跡はない。実際におこなわれたのは、あのおずおずとした申し入れだけである。だから先の「勅書」は偽文書なのだが、朝廷から幕府へ窮民救済を申し入れた事実を反映したものだし、苦境からの救済を朝廷に求める民衆の願望がこめられたものだろう。

「敵失」で得点を稼ぐ

この他、後に少しふれることになる大嘗祭《だいじょうさい》が、この年の十一月に挙行されたが、その折りに光格天皇が詠んだとされる、

身のかいは　何を祈らず　朝な夕な
　民安かれと　思うばかりぞ

という和歌が、万民の安穏を願う天皇のありがたい作として流布し、世上の評判になった。また、光格天皇が将軍徳川家斉《とくがわいえなり》に贈ったとされる、

民草に　露の情けを　かけよかし
　代々の守りの　国の司は

という和歌も、仁政《じんせい》を願うこれまた天皇のありがたい作として世に広まっている（東京大学

史料編纂所所蔵『蒲堂《ほどう》叢書』見聞雑録四所収。写本により字句に異同がある）。

どちらにしても、万民の安穏な生活をひたすら祈り、現実の苦境から脱することができる対策と仁政を幕府に求める天皇の姿が、偽勅書、和歌などに仮託《かたく》されて広まっている。失政を問われ一揆・打ちこわしの嵐にみまわれる幕府・将軍と万民の安穏と無事を祈る朝廷・天皇、鮮明なコントラストを示しているではないか。天皇・朝廷は、いわば「敵失」で得点を稼いだようなものである。これが、〝大飢饉がおこったら光格天皇の権威が上がった〟という理屈の解説である。

先例ができれば恐いものなし

天明七年六月の朝廷の申し入れは、幕府に救い米を放出させるという具体的な成果を生みだしたと同時に、幕府の政務でも窮民救済のような事柄に関しては、朝廷は幕府に申し入れをできるという先例を作ったことになった。なにごとも先例主義の時代であるから、これは大きな成果なのである。天明七年からちょうど五十年後の天保八（一八三七）年、ふたたび申し入れがおこなわれた。

当時の武家伝奏日野資愛《ひのすけなる》は、四月九日に関白鷹司政通《たかつかさまさみち》から、飢饉により世の中が困窮し救済措置が必要だと考えるので、天明七年の先例に従って所司代と交渉するようにと命じられている。そこで日野は、天明七年の先例にもとづき、幕府が窮民救済の措置を講じているのかどうかをただす文書を作成し、所司代松平信順《まつだいらのぶより》に渡した。それに対して所司代は、これこれの救済措置をとっておりますという趣旨のことを書いた書付を朝廷に提出している（国立公文書館所蔵『日野資愛公武御用日記』）。この時の朝廷側には、天明七年のときのようなヘッピリ腰のこわごわというような態度は見られず、「当然の事」という様子がうかがえる。いったん先例ができれば恐いものなしである。

天保八年という年は、江戸時代の三大飢饉の一つに数えられる天保の飢饉のピークを迎えたときである。全国的に餓死者がたくさん出るなどの惨状を呈し、京都にほど近い大坂では同年二月に大塩の乱がおこった。朝廷にもその騒動が刻々と伝えられ、御所の諸門の警備が強化されるなど、御所周辺にもはりつめた空気が漂った。天明七年のときは、天明の飢饉↓御所千度参り↓窮民救済の申し入れ、というプロセスであったが、天保八年も、天保の飢饉↓大塩の乱↓窮民救済の申し入れ、という似たようなプロセスをたどっている。

光格天皇の強い意向で、民衆の救済という本来幕府の政務に属する事柄について、朝廷が前代未聞の申し入れをおこなったことの意義は大変に大きく、当時の幕政担当者に、そして幕府の政治に重大なインパクトを与えた。

3　光格天皇の君主意識

天下万民に「仁」を施す

評伝のところで、どこか理念的な天皇像を追い求めるところのある天皇だった、と指摘しておいた。そのひとつは、日本国の君主としての天皇、という意識を強烈にもっていた方であったということである。

寛政十一（一七九九）年七月二十八日に、後桜町上皇から与えられた教訓に応えた手紙（辻善之助監修『歴代詔勅集』七一一〜七一三頁、目黒書店、一九三八年）のなかで、光格天皇は次のように書いている。

> もっとも仰《おお》せの通り、人君は仁《じん》を本といたし候事、古今和漢の書物にも数々これ有る事、仁はすなわち孝忠、仁孝は百行の本元にて、誠に上なき事、常に私も心に忘れぬよう、仁徳の事を第一と存じまいらせ候事に候。ことに仰せども蒙《こうむ》り候えば、なお更に存じ候事、（中略）仰せの通り、身の欲なく、天下万民をのみ、慈悲仁恵に存じ候事、人君なる物（者）の第一のおしえ、論語はじめ、あらゆる書物に、皆々この道理を書きのべ候事、すなわち仰せと少しも少しもちがいなき事、さてさて忝《かたじけな》く忝く忝く忝く存じまいらせ候。なお更心中に右の事どもしばしも忘れおこたらず、仁恵を重んじ候わば、神明冥加《みょうが》にもかない、いよいよ天下泰平と畏《かしこまり》々入りまいらせ候。（中略）仰せの通り、何分自身を後にし、天下万民を先とし、仁恵・誠仁の心、朝夕昼夜に忘却せざる時は、神も仏も、御加

護を垂れ給う事、誠に鏡に掛けて影をみるがごとくに候。

人君、すなわち君主は、「仁」を第一としなければならない、そして一身をかえりみることなく、天下万民に「仁」を施さなければならない、そうすれば神の加護により、天下泰平を維持することができる、という趣旨のことである。光格天皇は、みずからを君主と位置づけ、天下万民に仁恵・慈悲を施すことが務めだという。君主としての天皇の職分という意識である。

また、のちに紹介するが、石清水《いわしみず》八幡宮と賀茂社の臨時祭の再興を願う「御趣意書」（前掲『歴代詔勅集』七一七頁）には、「ひとえに上は神明・宗廟の和光同塵《どうじん》の恩覆《おんぷく》により、下は執柄《しっぺい》（関白）・幕府の文武両道の輔佐をもって、在位安穏なること、すでに二十有余年に及べり」と書いている。上は神々の加護をうけ、下は関白という文官と幕府という武家の補佐をうけて在位する天皇、という天皇像を描いている。

ここには、神の加護と文武官の補佐をうけて天下万民に「仁」を施す君主、という光格天皇の強烈な君主意識を読みとることができる。もちろん、実態が君主であったかどうかはさておき、また、幕府に取ってかわって現実政治を担当しようとしたわけでもないが、光格天皇が強い君主意識の持ち主であったことは疑いない。次の章で述べる、天皇と朝廷の権威強化のためのさまざまな試みも、おそらくはこの意識が基礎となっているだろう。

強烈な皇統意識

君主意識と並んで、光格天皇は強い皇統意識の持ち主でもあった。天皇歴代に連なるという意識は、江戸時代の天皇に共通するものだろうが、光格天皇はひときわ強烈である。先の石清水八幡宮と賀茂社の臨時祭再興を願う「御趣意書」の最後に、

百二十代（花押）

とある。光格は第百二十代の天皇である、という意識である。

また、寛政六（一七九四）年十月、実父である閑院宮典仁親王が亡くなって百ヵ日の法要にさいし、その菩提を弔うため、「南無阿弥陀仏」の名号を千回書いた（宮内庁書陵部所蔵「光格天皇宸翰南無阿弥陀仏」）。その奥書に、

右一千反之名号者、奉為
自在王院（典仁親王）尊儀菩提、浄身
虚心謹而奉書者乎、
寛政第六載冬十月中旬

神武百二十世兼仁合掌三礼

と書いている。初代神武天皇から連綿と続く皇統の第百二十代天皇の光格、という皇統意識が強く表現されているではないか。なお、現在の天皇歴代の数え方では、光格天皇は第百十九代であるが、百二十代は『本朝《ほんちょう》皇胤紹運録《こういんじょううんろく》』（公家の洞院満季《とういんみつすえ》が、応永三十三〈一四二六〉年に草稿を書きあげた、もっとも信頼されている天皇家の系図）にもとづく代数で、江戸時代の朝廷の職員録ともいうべき『雲上明覧《うんじょうめいらん》』の天皇歴代欄もそれにしたがっているので、当時の一般的な数え方だった。

傍流から皇位をついだ光格天皇にとって、自らを神武天皇以来の皇統に位置づけることが自己主張であり、地位の確認でもあったろう。また、内外の危機が予想される段階、危機が現実に迫った段階では、この皇統の連続性が強調され、日本の優越性と不変性の象徴とされる。光格天皇の皇統意識は、内外の危機の進行が生みだした意識ともいえる。

いずれにしても、光格天皇に強く表れた君主意識、皇統意識は、幕末の激動のなかでますます肥大化して孝明天皇に引きつがれ、その行動・発言に大きな影響を与えてゆくことになる。

第三章　天皇権威の強化策

1　復古・再興ブーム

「神聖な天皇」を支える根拠

一九八九年には昭和天皇の葬儀などの一連の葬送儀式、翌一九九〇年は現天皇の即位式、大嘗祭など天皇代替りの一連の儀式、その後、現皇太子の立太子、そして結婚までの一連の婚姻の儀式などが続き、数年間は皇室儀式の洪水ともいえるほどだった。しかもそこに繰りひろげられたさまざまな儀礼や神事は、マスコミがすぐに古代以来の伝統的儀式とか平安絵巻とか表現するように、私たちの日常からまったくかけ離れたものであった。

そこには、ときおり見せる家庭的な皇室という「開かれた皇室」イメージとはまったく異質な、神々しくも威圧的な、そして私たちから隔絶した権威ある存在という「神聖（性）な天皇」イメージが示された。それらの儀式・神事は、一人の生身の人間が、天皇という特別な権威を身につけるうえで必要なプロセスであった。現在の皇室は、その「神聖な天皇」と

「開かれた皇室」がないまぜになっているが、歴史的には前者のイメージに象徴される。

歴史家の永原慶二氏は、天皇固有の、誰にも取ってかわることのできない朝廷祭祀・儀礼は、天皇が天皇であるための根源であり天皇権威の核心である、という趣旨のことを指摘されていた（「歴史的存在としての天皇および天皇制」『科学と思想』七二号、一九八九年）。また、現代でも宮中では、「先ず神事」（高橋紘氏『象徴天皇』岩波新書、一六三頁、一九八七年）だそうだ。誰にも取ってかわることのできない天皇・朝廷にまつわる神事・儀礼を、維持し繰りかえすことが、「神聖な天皇」、隔絶した権威を有する天皇を支える有力な根拠となっている。

神事・朝儀の再興と復古

光格天皇は、廃絶していたものを再興し、当時おこなわれていても略式であったりしたものを、なるたけ古い形式に復古するなど、朝廷のさまざまな神事・朝儀（朝廷の儀式）の再興と復古に熱心な人であった。再興・復古された朝儀の数が多かったので、のちに『寛政再《かんせいさい》興年中行事《こうねんちゅうぎょうじ》』（東京大学史料編纂所所蔵）という本が作られたほどである。

光格天皇自身も、賀茂社と石清水八幡宮の臨時祭の再興を願った「御趣意書」（前掲『歴代詔勅集』七一七頁）のなかで、つぎのように誇らしげに書いている。

朔旦《さくたんのしゅん》旬・新宮《にいみやのしゅん》旬等の再興、その他の諸公事《くじ》、節会《せちえ》より始めて巨細の事に至るまで、おのおの潤飾を加うるのもの、枚挙すべからず、幸甚幸甚、なんぞ毫端《ごうたん》を尽《つ》くさむや、

朝廷の行事や儀式のうちで再興したもの、そして、「潤飾を加うるのもの」、すなわち立派にしたもの、あるいは復古させたものは、枚挙にいとまがないと誇示している。古代の天皇制、古代律令制に淵源《えんげん》するさまざまな朝廷の行事、儀式は、応仁の乱から戦国時代にかけての十五、六世紀を通じて衰退し、多くのものが中絶したり、おこなわれても不十分なかたちでしかなくなっていた。近世に入り、織田信長、豊臣秀吉、そして徳川家康の手で援助がなされ、十七、八世紀を通じて、重要な儀式・神事については徐々に再興されていった。大小さまざまであるが、光格天皇の主導のもとで朝儀や神事の再興・復古がさかんにおこなわれ、江戸時代におけるその面での一つのピークとなっている。そのいくつかを紹介しておこう。

朔旦の旬を強引に再興

先の宸翰《しんかん》に具体名が出ていたので、まずこれから始めよう。

朔旦冬至とは、十一月一日が冬至にあたる日のことで吉日とし、この日天皇は紫宸殿《ししんでん》に出て、群臣らに酒と肴を賜わり宴をはったが、これを朔旦の旬という。ちなみに、十九年に一

回廻ってくる。旬《しゅん》とは、古代において、毎月一のつく日と十六日に天皇が紫宸殿に出て親しく政《まつりごと》をきき、群臣に酒宴を賜った年中行事で、正式には「旬宴」「旬政」といい、恒例と臨時があった。朔旦の旬は臨時の旬であるが、いずれにしても天皇を政治的頂点とした古代天皇制、律令制の年中行事を淵源とするものである。

御多分《ごたぶん》に漏れず、この朔旦の旬も長く中絶していた。宝徳《ほうとく》元(一四四九)年以来というから、三百四十年近くおこなわれなかったことになる。天明六(一七八六)年十一月一日が、ちょうど冬至にあたった。朝廷では、この年の九月に、再興すべきではないかという光格天皇の叡慮が示され、論議の結果再興することに決定した。その九月八日には、第十代将軍徳川家治《いえはる》の死が公表され、鳴物停止令《なりものちょうじれい》などともかかわって一時は危ぶまれたが、議奏の中山愛親《なるちか》らの奔走により、かなり強引に再興された。

新宮の旬とは新所の旬のことで、内裏《だいり》を新造してはじめて紫宸殿でおこなう旬をいう。御所は、天明八年に焼けて、寛政二(一七九〇)年に再建工事が竣工したが、その寛政二年十二月二十一日に新宮の旬がおこなわれた。なお、内裏に火災その他の災厄が降りかからないようにと祈禱する大殿祭――「おおとのほがい」と読む――が、寛政三年十月に、旧儀通りに再興されている。

新嘗祭・大嘗祭は古来の形式で

新嘗祭《にいなめさい》とは、現在は十一月二十三日の勤労感謝の日、古くは陰暦の十一月の下の卯の日におこなわれる祭儀である。天皇が新穀を神にささげ、みずからもこれを食する儀式である。新嘗祭は、宮中祭祀の中でもっとも重要なものとされるが、現在おこなわれている儀式の内容を、高橋紘氏『象徴天皇』からごく大雑把にまとめると次のようになろう。

十一月二十三日の午後六時からはじまり、天皇が皇居内の神嘉殿《しんかでん》に入り、全国から集められた米と粟、そして天皇自身が田植えし刈り取った米を神に捧げて祝詞《のりと》があり、ついで新穀と粟で作ったご飯と粥、そして新酒を召し上がる、この間約二時間かかるが、午後十一時から同じ祭儀が午前一時までおこなわれる。神嘉殿内陣の神座に天照大神が降りてきて座り、相対して座る天皇がもてなすというかたちだろうと、高橋氏は推測している（一八四～一八六頁）。

もとは、内裏のすぐ西に中和院《ちゅうかいん》という殿舎があり、その正殿を神嘉殿というが、そこで天皇が親祭していた。しかし、寛正《かんしょう》四（一四六三）年を最後に二百七十余年間中絶し、元文《げんぶん》五（一七四〇）年になって再興された。それ以前は新嘗御祈と称し、京都吉田神社で吉田家がいわば代行していた。再興された新嘗祭は、御所内の紫宸殿を中和院の神嘉殿になぞらえておこなわれていたが、安永七（一七七八）年以来ふたたび中絶してしまった。それを、天明六年に再度再興したのである。儀式の場は、紫宸殿であった。

新嘗祭は再興されたのであるが、依然として神嘉殿で天皇が親祭するという古来の形式に

儀式の場、紫宸殿

は戻らなかった。光格天皇は、これを復古させようと、寛政三（一七九一）年に、幕府に相談することなく御所内に神嘉殿——ただし、中和院を再建したわけではないので、中和院代とか神嘉殿代とか称している——を造営してしまった。かなり強引なやりかただったため、幕府が警戒の目を向ける一因となっている。その寛政三年十一月に、光格天皇は新造なった神嘉殿に行幸して新嘗祭を親祭、名実ともに新嘗祭を復古させた。

これに対して大嘗祭《だいじょうさい》は、天皇が即位して最初におこなう新嘗祭のことで、最大の神事である。一九九〇年十一月に、現在の天皇の大嘗祭が、さまざまな反対や疑念をうけながら挙行されたことは、私たちの記憶に新しい。天皇が神性を身につける秘儀であることに本質があり、「神聖な天皇」になるための必須の儀式である

（宮地正人氏「天皇制イデオロギーにおける大嘗祭の機能」『歴史評論』第四九二号、一九九一年）。

光格天皇は、天明七年十一月二十七日に大嘗祭をおこなった。左大臣一条輝良《てるよし》は、この日の日記に「今日践祚《せんそ》大嘗会、主上兼仁、御十七、これを行なわる、もっぱら古儀を追わる、御再興の類、頗《すこぶ》るもって多しと云々」（東京大学史料編纂所所蔵写本『輝良公記』）と記し、今回の大嘗祭ではなるたけ古い形式に復古させようとし、そのために再興したものが多いと指摘している。復古的な大嘗祭だったようである。

古い形式への復古の趣旨は、「貞享《じょうきょう》以来の形よろしからず、貞観《じょうがん》・延喜《えんぎ》などの式のごとく作進しかるべきか」（『輝良公記』）というものであった。「貞享」というのは、文正《ぶんしょう》元（一四六六）年に後土御門《ごつちみかど》天皇がおこなって以来、大嘗祭は約二百二十年間中絶し、貞享四（一六八七）年、東山天皇の時に再興されたが、そのことを指している。つぎの中御門《なかみかど》天皇の時はまたおこなわれず、その次の桜町天皇の時、元文三（一七三八）年に復活し、その後はずっとおこなわれてきた。

その貞享四年の再興以来おこなわれてきた、いわば近世的大嘗祭のやり方はよろしくないので、律令の施行細則が集大成され、古代・中世において公事——朝廷の政務と儀式——と年中行事の典拠とされた貞観式、延喜式にのっとっておこなうべきだというものである。

貞観式、延喜式にのっとってやるといっても、二百年以上の中断と口伝《くでん》の部分がある秘儀のため、復古しようにも復古できないところがあったようだ。一条輝良は、再興されたものが頗る多いと書いていたが、筆者には具体的には理解できないので、復古したふたつを紹介しておこう。

大嘗祭に奉じる新穀を献じる二国を、亀卜《きぼく》により占う儀式である国郡卜定《ぼくじょう》を、貞享再興以来は八月におこなっていたが、これを古来通りの四月に改めた。また、十一月十日に清暑堂《せいしょどう》神宴拍子合《しんえんひょうしあわせ》の儀をおこなっているが、貞享再興の時はおこなわれず、元文再興の時はおこなわれたが地下人《じげにん》までが加わったので、「旧儀」に似合わずということで、今回は地下人を加えなかったという。

幕府に対する反発・反感

さまざまな朝儀・祭祀の復古と再興は、公家たちに歓迎された。一条輝良は、朔旦の旬再興を聞いて、「廃絶の公事御再興の事、叡慮《えいりょ》の趣恐れ入り、恐悦《きょうえつ》の至りと云々、追々何かと公事再興せらるべき時節、ひとえに以て恐悦の御代《みよ》と云々、恐悦すべし恐悦すべし」（『輝良公記』天明六年九月二日）と喜びを表現している。柳原紀光《やなぎわらもとみつ》も朔旦の旬の当日、「珍重というべし」（宮内庁書陵部所蔵『紀光日記』）と書いて祝っている。

また、下賀茂社の社人は、正月八日から七日間、御所内でおこなわれた真言祈禱である御《み》修法《しほ》が、従来は紫宸殿でおこなわれていたものを今年から小御所でおこなうことになったと聞いて、「これは今上皇帝昔を思し召す故か」(東京大学史料編纂所所蔵『下鴨社祠官光連日記』）と書いて歓迎している。

このように天明六年、七年と、いろいろな朝廷儀式の再興・復古がおこなわれ、公家たちはこの動きを歓迎するとともに、それを「叡慮」「思召」と光格天皇に結びつけて解釈している。そのような公家たちの歓迎の背景には、彼らの幕府に対する反発・反感の強まりがあった。その一例を、一条輝良にみてみたい。とにかくこの頃の朝廷内部は、光格天皇を先頭にして復古への意欲が強まり、復古ムードに満ちていた。

誕生日を祝えなかった右大臣

左大臣一条輝良は、九月十七日が誕生日だった。天明六年の三十一歳の誕生日を祝おうとしたところ、江戸幕府第十代将軍徳川家治《いえはる》の死がその九日前の九月八日に公表されたため、全国的な服喪が強制された。その一環として十日間の漁猟禁止令が出されたため、市中に出回る魚類が非常に乏しくなり、野菜類の市は一昨日までは立っていたが、幕府がそれをとめて止めさせてしまった。その理由は、市が立つと人が大勢あつまり騒々しい、鳴物停止令《なりものちょうじれい》に象徴される、静粛を保って将軍の死を悼《いた》むという趣旨に反するということである。このため、輝良は誕生日の祝賀を延期せざるをえなかった。

輝良の心中は、一九八八（昭和六十三）年秋以降の昭和天皇の重体から葬儀までの「自粛」キャンペーンを思いおこすとよくわかる。あの時もあまりの行きすぎに腹をたてた人も多かったが、輝良の怒りは、当然ながら幕府に向けられた。「武威《ぶい》盛んの時世、説《と》くべからずの至りと云々」「ひとえに以て当時の時宜《じぎ》武威天下に偏満《へんまん》す、何ごとも関東（幕府）筋の儀盛ん、然るべき也と云々、如何《いかが》のこと、然るべからざる世の風俗の至りと云々」と、武家、すなわち幕府の横暴、暴威に対する怒りの心中を日記に書きつらねている。

これは、自分の誕生日を祝えなかったという一条輝良の個人的な恨みつらみからの憤りではあるが、幕府の「暴威」に対する強い反感のあらわれと理解されなければならない。『小《さ》夜聞書《よのききがき》』に、「近代関東の権威つよく、別して禁裏を恐れ奉らず、万事関東の所存にまかせて取り計らい」「誠に武家次第の世の中なりと嘆かぬ人もなかりけり」と書かれているように、関東すなわち幕府の権威が強く、何事も幕府が左右する世の中に対する不満や反感が、人々の間に広範に広まってきている。そしてそれが、朝廷・天皇に対する同情と期待となって表現される場合も出てくる。そのひとつが御所千度参りであったことは、もはや言うまでもない。

このような幕府に対する不満と反感の高まりのなかで、光格天皇が先頭に立ってさまざまな儀礼や神事を再興し復古させようとしたことは、朝権回復へのかすかな光が差しこみ、前途に光明をみたかのように公家たちに期待されただろう。公家たちの歓迎と期待、そしてその支持をうけて、再興・復古への動きはさらに強まっていった。

2　御所の復古的造営

御所、灰燼に帰す

現在、私たちが見ることのできる御所、すなわち京都御苑内の御所は、安政元（一八五四）年四月に焼けて再建したものである。焼失以前の建物は、天明八（一七八八）年に焼け、寛政二（一七九〇）年に造営されたものであるが、安政に再建されたものは寛政に造られたものとほぼ同じとされている（藤岡通夫氏『京都御所』中央公論美術出版、一九八七年）。だから、これから取り上げる寛政二年に完成した御所は、現在のそれとほぼ同じと考えてよい。

天明八年正月、応仁の乱以来の惨事といわれる京都の大火により、御所、仙洞御所などもすべて灰燼に帰してしまった。ちなみに、罹災《りさい》は千四百二十四町に及び、京都市中の過半を焼いてしまい、二条城も被災した。御所は、宝永《ほうえい》五（一七〇八）年に焼けて以来であるから、八十年ぶりということになる。天明八年正月晦日、御所の南東、鴨川の東の宮川町団栗《どんぐり》図子《ずし》の空家より出火、火の手は御所に及んだ。

光格天皇は御所を出て鴨川を渡り、御所の東北に位置する下賀茂神社に避難し、さらにそこから南方の聖護院《しょうごいん》に移り、そこを仮御所と定めた。九歳で即位して以来、御所から一歩たりとも出たことのなかった光格天皇は、火災により九年ぶりに外の空気を吸ったことになる。しかも、仮御所と定めた聖護院は、天皇になっていなければ出家して入寺していた寺である。因縁というべきか。

江戸時代、御所の造営は幕府の責任においておこなわれ、朝廷は一銭もだすわけではなかった。幕府の義務だったのである。幕府は、三月二十二日に老中松平定信を御所造営総奉行に任命、朝廷側も、三月二十三日に中山愛親《なるちか》、広橋伊光《ひろはしこれみつ》、勧修寺経逸《かじゅうじつねとし》を御所造営掛に任命し、造営のための態勢をつくった。老中が造営総奉行になったこと、そして朝廷側も造営掛を置いたことは、前例のないことである。

ここで一番の問題となったのは、どのような御所を造営するかだ。

復古的御所か、従来どおりの御所か

朝廷は、当時の雰囲気そのままに復古的な御所の造営をめざした。まず四月一日に、裏松《うらまつ》光世《みつよ》に諮問《しもん》している。裏松光世（一七三六～一八〇四）は、前権中納言裏松益光《ますみつ》の養子となり、従五位下左少弁となったが宝暦事件で咎められて宝暦八（一七五八）年に永蟄居《えいちっきょ》を命じられ、天明八年になってようやく赦《ゆる》された。その約三十年に及んだ謹慎中に、文献や古絵図などを広く調査して平安大内裏の研究に没頭し、その成果を『大内裏図考証《だいだいりずこうしょう》』五十冊という大著にまとめあげた。大内裏の構造、各殿舎の配置と内部の構造、そしてその建物内部の屏《びょう》

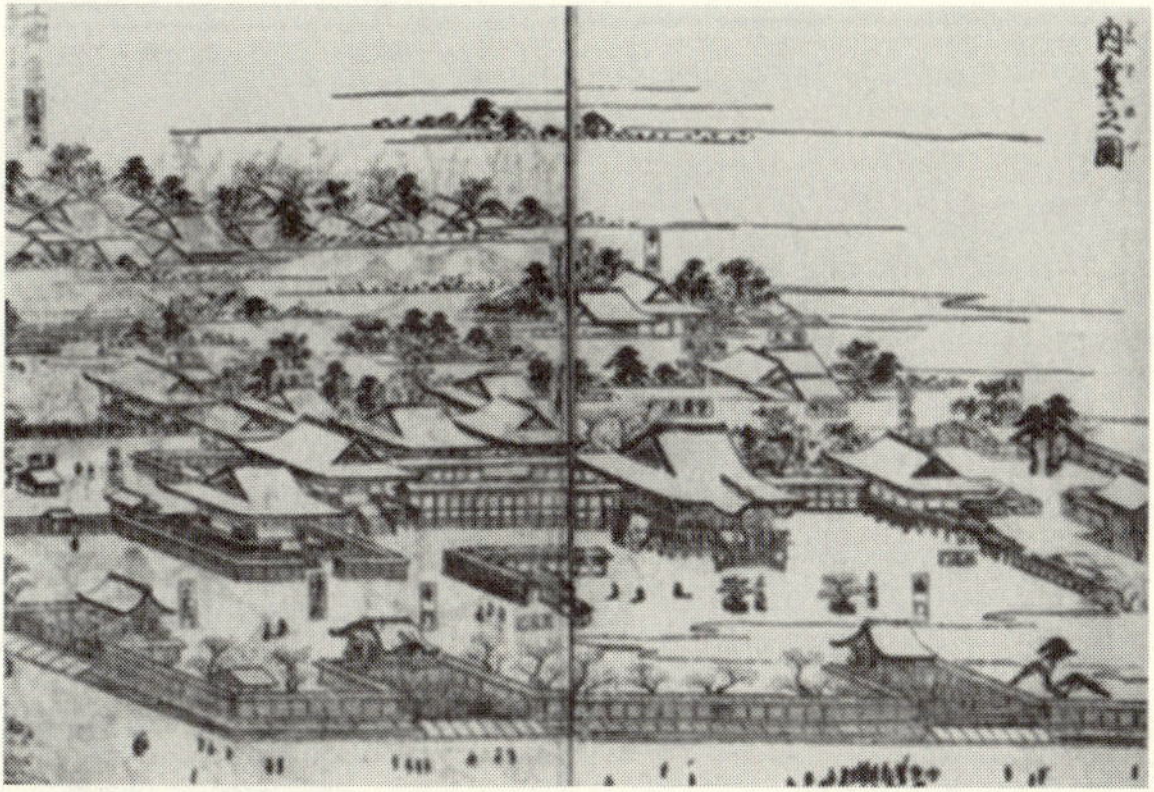

焼失前の京都御所（都名所図会）

風《ぶ》や絵画までを復元的に明らかにしたたいへんな労作である。その裏松光世に御所造営について諮問するということは、裏松の研究成果を活用しようということであり、復古的御所造営を意図してのことであった。裏松にしても、心血を注いだ大内裏の考証を現実に活かす機会が訪れたのである。さぞかし本望だったろう。

さらに朝廷では、四月三日、左大臣一条輝良に対して、「内裏新造せらる間《あいだ》、古儀を用いらる由尋ね」という勅問《ちよくもん》——天皇の質問——が下され、輝良は「御尤も」と賛成している（『輝良公記』）。ここで、御所造営に「古儀」を用いる、すなわち復古的に御所を造営することが、光格天皇—関白鷹司輔平《たかつかさすけひら》—左大臣一条輝良のレベルで合意され、そのうえで幕府側との交渉に入った。

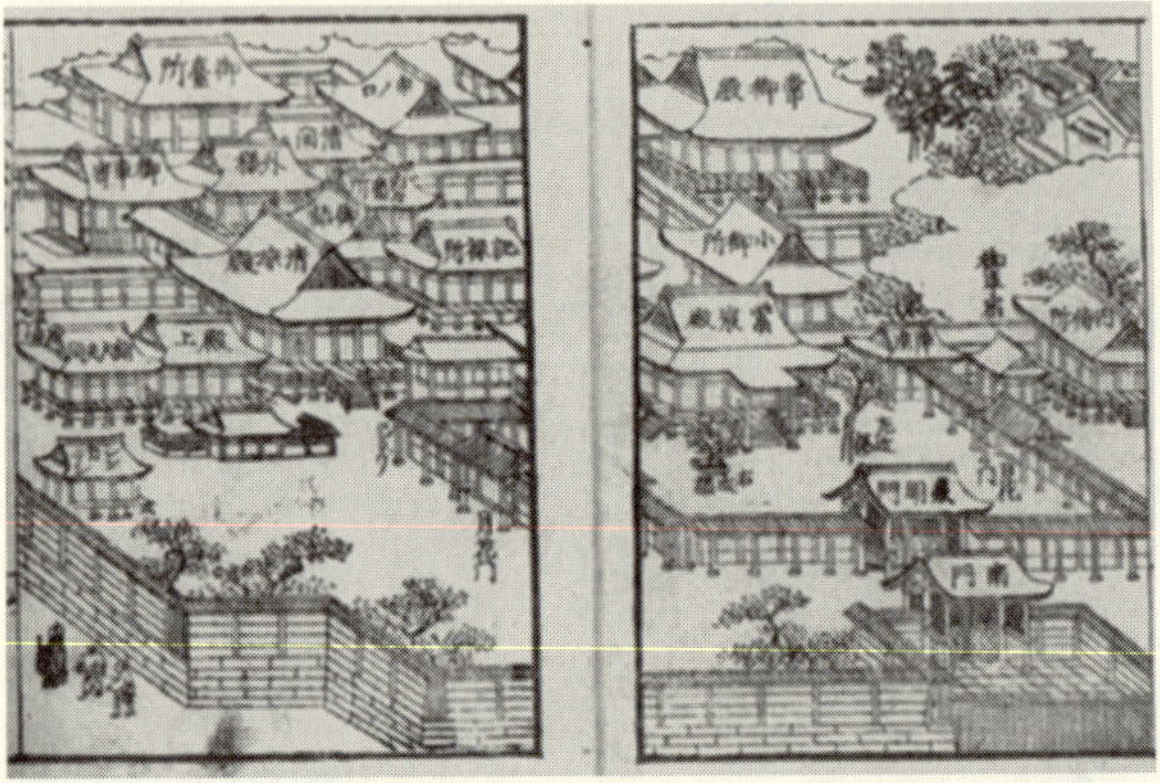

焼失後新たに造営された御所（雲上明覧）

四月某日、御所造営掛の広橋伊光から京都所司代松平乗完《まつだいらのりさだ》に書付が渡され、造営に関する朝廷側の具体的な意向を伝えた。光格天皇は、数年来、御所を旧制（平安時代の内裏）に則って造営したいと思っていたが、諸般の事情が許さずその機会を得られなかった、しかし今回は新規の造営なので、旧制のように造営したい考えだという。もちろん御所全体を旧制に作り替えたいということではなく、手狭なために即位式などの大礼をはじめとする儀式などに差し支えることが多く、朝廷の「威儀」に欠けるところがあったので、紫宸殿《ししんでん》と清涼殿《せいりょうでん》は旧制のように造営したいという趣旨である。関白鷹司輔平は、図面を見せて広橋伊光に説明し、幕府と交渉するように命じた。

朝廷は、焼失した御所の再建にあたって、その当初から部分的とはいえ平安時代の内裏への復古をめざしていた。それは、復古的なムードの漂っていた当時の朝廷にふさわしく、しかも復古的な御所の造営が、朝廷の「威儀」を整えることを目的としていたことも、朝廷権威の強化をはかっていた当時の朝廷にふさわしいものだった。

松平定信が必死に関白を説得

御所造営総奉行を命じられ、幕府側の責任者となったのが、老中松平定信であった。従来、総奉行には京都所司代か伏見奉行がその任についたが、今回老中が任命されたことは、幕府が造営問題をいかに重視していたかを示している。

それもそのはずで、幕府は未曾有の財政危機に陥っていた。御所造営は必ずやらなければならない、しかし財政は火の車、なんとも困難な事態に直面したものである。幕府は、八代将軍徳川吉宗の時に、一方で財政緊縮策をとりながら、他方で積極的な新田開発と年貢の増徴による増収をはかり、さらに流通・貨幣政策による物価のコントロールに力を注ぎ、緊縮しつつ拡大をはかり財政を均衡させるという、なかなか複雑な財政策をとった。その年貢増徴策による増収が頭打ちとなってしまった段階で、積極的な開発や生産・流通過程への課税による増収策をはかったのが、田沼意次《たぬまおきつぐ》であった。だが、田沼意次の積極政策にもかかわらず、明和七（一七七〇）年に三百万四千両あった幕府の貯蔵金が、御所の焼けた天明八（一七八八）年には、八十一万七千両にまで減ってしまった。その背景には、江戸は目黒の行人《ぎょうにん》坂大火《ざかたいか》、将軍徳川家治《いえはる》の死と徳川家斉《いえなり》の襲《しゅう》職《しょく》という吉凶の儀式、浅間山の噴火、江戸・関東の大洪水、そして天明の大飢饉がある。自然的災害もあり、割り引いてやらなければならないところもないではないが、やはり失政と批判されてもしかたのない部分も大きい。

松平定信が天明七年に老中に就任し、幕府財政を点検すると、来年度にはなんと百万両不足するという深刻な事実が判明した。定信の表現をかりるならば、御所の焼失は、「草木の萌《も》やさんとして、中ごろ霜・雪にあい候」ようなものだという(東京大学史料編纂所所蔵「松平定教文書」)。破綻に瀕した幕府財政の再建が緒についたところ(「草木の萌やさんとして」)で、巨額の財政負担を必要とする御所の焼失→造営に遭遇した(「霜・雪にあい候」)というのである。このような財政危機の幕府が選択できる妥当な策は、一時に、しかも巨額な負担になるような御所造営のやり方を避けることである。

江戸時代には、京都所司代が交替すると、新任の所司代の「引渡し」と称して老中が上京する慣行があった。前所司代戸田忠寛《とだただとお》は、御所千度参りのような不祥事を招いた責任を問われたのか罷免《ひめん》され、新所司代松平乗完《のりさだ》が「引渡し」を待たずに急ぎ上京していた。そこで松平定信は、少々異例ではあるが、「引渡し」に上方の視察を兼ねて上京した。だが、本当の狙いは御所造営問題の交渉にあった。

五月二十二日に上京した定信は、参内や京都市中の視察ののち、関白鷹司輔平の屋敷におもむき会談、鷹司輔平は、定信に酒を振る舞いまずはなごやかに饗応した。その場で定信は、御所造営についての幕府の基本方針を説明し、それを文書にして関白に差しだした。定信の説明と文書に関白が大いに喜んだと、定信の自叙伝である「宇下人言《うげのひとこと》」（『宇下人言・修行録』岩波文庫、一九四二年）に書いている。会談の様子や雰囲気はよくわからないが、定信は必死に関白を説得したもようである。

朝廷と幕府の造営方針は、まったくくい違っていた。朝廷側が、紫宸殿や清涼殿などについては平安時代の内裏と同じものを造るという、復古的で荘厳な内裏造営計画を立てていたことはすでに説明した。ところが幕府側は、焼けた跡地に仮普請の御所をまず造営し、その後おいおい時間をかけて、焼ける以前の御所と同じものを造営するという構想だった。

定信も、焼ける前の御所、つまり宝永度造営の御所と同じものを、しかもなるたけ質素に造営するという方針を関白に説明している。復古的な御所か焼ける前と同じ御所か、朝廷と幕府の方針はまったくのくい違いをみせた。朝廷は、いち早く復古的御所の造営構想を幕府に伝えていた。これに対して、幕府は焼ける以前の御所と同じものをということであるから、定信がわざわざ上京して

松平定信

まで関白の説得にかかったのは当然である。

朝廷の「勝利」

松平定信の関白説得は、おどしとすかしを交えたなかなかのものである。その「おどし」のほうをちょっと紹介してみたい。幕府財政は火の車で再建途上のため、復古的で荘厳な御所造営に必要な巨額のカネはとても支出できない、それでも朝廷がやれというなら、大名に負担させなければならない、同じく財政の苦しい大名はこれを領民に負担させることになり、凶作が続いて困窮する人民をさらに苦しめることになる、つまり荘厳な御所の造営は、人民を苦しめることになるのだ、それでは、前年六月に朝廷が幕府に民衆を救済せよと申し入れた趣旨（「生民困窮御厭い」）に反するのではないか、荘厳な御所は人民の血と脂《あぶら》を搾《しぼ》って造営したのだ（「宮室の美をなし候ものは、これまた小民の膏血《こうけつ》」）と非難されてもかまわないのか、といった調子である（以上は「松平定教文書」による）。

定信がおこなった計画の縮小や簡素化の交渉は、江戸に戻ってからも手紙を通じて関白とのあいだでおこなわれたが、結局は朝廷が幕府を押し切り、天明八年十一月には、幕府は朝廷の要望通りに造営することを決定した。朝廷が復古的な御所造営プランを作成し、幕府に要求して実現させたのである。従来の研究では、「幕府（松平定信）は費用を惜しまず古制（平安時代の内裏）にのっとって造営した」と言われてきたが、事の真相は、朝廷側の強い要求に幕府はやむなく従わされたのであり、朝廷の「勝利」であった。

プランをまとめて幕府に突きつけて実現を迫るというやりかたは、かなり強引な手法であったため、松平定信などは強く反発し、つぎの尊号事件の伏線となった。朝廷の要求を受け入れると同時に所司代に、「新制度は履霜《りそう》の漸《ぜん》おそるべければ、已後《いご》御新制の儀は所司代にてかたく御ことわり申し上げしかるべし」（「宇下人言」前掲八二頁）という指令を発した。ようするに、朝廷側が今後出してくるかもしれない新規の要求・要望は、拒否せよという指示である。ここには、復古的な御所造営要求をのまされた松平定信の無念さと反発が、じつによく示されているではないか。

光格天皇、鴨川を渡る

かつての天皇は、行幸といって御所の外に出ることができた。また、即位式などのさいには鴨川におもむいてミソギをおこなっている。これがきまりだった。ところが、江戸時代の天皇は、在位中は一歩も外へ出ることが許されず、「籠の鳥」状態であった。光格天皇にしても、即位してからは御所の外へ一歩も出たことはなく、御所の炎上という「僥倖《ぎょうこう》」により、初めて外にでることができたほどである。鴨川でのミソギも、もちろんできなかった。

先年、「ボストン美術館秘蔵フェノロサ・コレクション屏風絵名品展」が開かれ、吉村周《しゅう》圭《けい》筆「行幸図」屏風が出品された。フェノロサは、お雇い教師として一八七八（明治十一）

年来日し、わが国の古美術品を多数収集したが、「行幸図」もそのひとつで、日本初公開だという。寛政二年の仮御所から新御所に移る遷幸《せんこう》の行列を描いたものとされ、人物の表情や装束などがきわめて精密に描かれた盛大な行幸図はたいへんに貴重で、歴史資料としても価値が高いとの解説があった。

寛政二年十一月二十二日、光格天皇の乗った鳳輦《ほうれん》は、卯の刻（午前六時ころ）に仮御所の聖護院を出て、春日小路を東へ、鳥居大路を南に行き、三条大橋を渡り、三条大路を西に進み、万里小路《までのこうじ》（柳馬場通りの古称）を北に上がり、美福門代《びふくもん》（堺町御門のことか）を経て建礼門《けんれいもん》（南門）、承明門《しょうめいもん》を通り、未の刻（午後二時ころ）に紫宸殿に入った。

「行幸図」屏風は、行列の先頭が、裃《かみしも》で正装し正座した町人が待ち受ける南門に到着したところから始まり、礼服を身につけて着飾った関白以下の公家、官人の長い長い行列が続き、鈍色《にび》（薄墨色）の袍《ほう》を着し冠をかぶってしんがりを務める京都所司代が、聖護院を出たところあたりまで、美々しいというか華麗というべきか、行列全体を二隻《そう》に描いている。復古的で豪壮な新造御所にふさわしい行列というべきであろう。

天皇の乗る鳳輦は、ちょうど鴨川にかかる三条大橋をわたるところに描かれている。屋根に金の鳳凰《ほうおう》の飾りがつけられ、五十人近い駕輿丁《かよちょう》にかつがれ、三十人位の駕輿丁に綱をひかれた鳳輦が、三条大橋の中央に位置している。復古的な御所の造営を成し遂げ、かくも華麗な行列で新御所に向かう、鳳輦のなかに座す光格天皇の心中は、どのようなものだったろうか。

新しい方式の交渉スタイル

御所造営にみられた幕府に対する強い姿勢は、光格天皇の意志であった。天皇は、幕府と朝廷との間の当時の交渉スタイルを問題にして、改善を試みようとしている。寛政三（一七九一）年三月十日、関白一条輝良は天皇の指図を武家伝奏に伝えたが、その指図の趣旨はおよそ次のような内容だった（『輝良公記』）。

当時、天皇の意向・考えのことを「御内慮《ごないりよ》」と呼んだが、この「御内慮」の伝達や幕府側の回答など、朝廷と幕府の間のやりとりのさい、武家伝奏が所司代の屋敷――二条城のすぐ北側にあった――に出向くばかりで、所司代本人はおろかその公用人すら武家伝奏の屋敷に行くことがない。光格天皇は、このやり方はおかしいのではないかと考えた。

なぜなら、昔から今のようなやり方だったのではなく、中院通村《なかのいんみちむら》が武家伝奏だった頃（元和九〈一六二三〉年〜寛永七〈一六三〇〉年在職）、それは二、三代の将軍の頃までのことであるが、所司代も武家伝奏の屋敷に出向いており、高野保春《たかのやすはる》が武家伝奏だった頃（元禄十三〈一七〇〇〉年〜正徳二〈一七一二〉年在職）から現在のようなやり方に変わったのだ。そこで今の所司代の太田資愛《おおたすけよし》が、病気療養のため江戸に帰るので、所司代が交替するかもしれず、それを機会にかつてのように改めるべきだと主張した。

朝廷と幕府の間のこの交渉スタイルは、朝廷と幕府の政治的力関係を象徴的に示すもので、朝廷にとっては屈辱的なやり方である。だからこのスタイルを改めて、所司代も武家伝奏の屋敷に出向くような方式にしたいというのである。朝廷権威を強化しようとする光格天皇らしい発言だろう。

朝幕間の交渉スタイル改善のとっかかりとして、所司代太田資愛が病気療養のために江戸へ帰る機会を利用しようとした。天皇は、江戸に帰るにあたり、天皇から所司代に何か品物を賜るが、本人は病気なので参内しないだろう、武家伝奏の屋敷に家老か公用人を招いてその物を渡してはどうか、そうすれば、武家伝奏の屋敷へ所司代の公用人が出向いた先例ができるから、と指示している。この指示をみていると、朝廷権威の強化にかける天皇の意気ごみと、光格天皇はなかなかの政治家でやり手だったことが窺える。

3　尊号事件おこる

廬山寺に葬られた二人

京都の今出川通りから寺町通りに入り少し下ると左手に、また京都御苑の清和院御門を出て、三条実万《さんじょうさねつむ》、実美《さねとみ》親子を祀る梨木《なしのき》神社を過ぎると右手に、廬山寺《ろざんじ》（京都市上京区寺町通広小路上ル北之辺町）がある。紫式部の邸宅址とされる庭園があり、現在の本堂などの建物は、御所も焼けた天明の大火後に再建されたものという。その門に、「慶光《きようこう》天皇御陵」と書いた看板が立てられている。本堂の右手の道を進むと墓域となるが、その奥に「慶光天皇御陵」がある。陵内へは柵で周囲を囲まれているので入れないが、正面奥、前面の両側に石灯籠があり、石の柵に囲まれた、台座の上に二重の塔（多宝塔）のような墓石がある。これが慶光天皇の墓である。

ちなみに、泉涌寺《せんにゆうじ》（京都市東山区泉涌寺山内町）の月輪陵《つきのわのみささぎ》にある江戸時代の歴代天皇の墓石は、慶光天皇の石塔と同じような造りであるが、二重の塔ではなく九重の塔の形をしているという。

さらにそのすぐ奥、やや左手に小さな円墳が見える。規模はかなり小さいが、東京都八王子市にある大正天皇や昭和天皇の陵と同じ円墳である。慶光天皇とはいっても、歴代天皇名には出てこない。それもそのはずで、明治十七（一八八四）年に太上《だいじよう》天皇の尊号をおくられ、慶光天皇と追諡《ついし》された天皇だからである。この方は、実は閑院宮典仁親王で、光格天皇の実父である。これから話を進めて行く尊号事件の渦中の人物である。

「慶光天皇御陵」の右手が、白壁の塀で仕切られて墓域となっており、歴代天皇の皇子・皇女らの墓とともに、江戸時代の公家が多数葬られている。その中にある中山家の墓所の一角に、ひときわ大きな石塔がある。右半分の表面がはげたように崩れているが、正面に「正二位藤原朝臣愛親墓」、横に「文化十一年八月十八日」と刻まれている。尊号事件の立役者で、首謀者と目されて幕府から処罰された、権大納言中山愛親《なるちか》の墓である。このように、京都御所のすぐわきにある廬山寺には、尊号事件の主要な登場人物二名が葬られている。

尊号事件は、光格天皇が実父の閑院宮典仁親王に太上天皇という称号、すなわち尊号をおくろうとしたことに端を発している。太上天皇とは、天皇が譲位した後の称号で、上皇のことである。和風の読み方だと「おおきすめらみこと」となる。尊号は天皇が譲位した後におくられる称号なのに、天皇の位についていない典仁親王にそれをおくろうというのである。論点はここにあった。

尊号をおくると座次がかわる

それでは、なぜ光格天皇はあえて実父に尊号をおくろうとしたのだろうか。その理由は、「禁中並公家中諸法度」に規定された御所内での座次《ざじ》、すなわち席順であった。現在でも、儀式や宴会などで、誰を誰の前にするとか次にするとか、結構やかましいものである。幕府では、儀式などの際の座次を、大名、諸役人について詳細に定めている。ステイタスの問題なので、なかなか厄介であった。

「禁中並公家中諸法度」は、親王を三公《さんこう》、すなわち太政大臣、左大臣、右大臣の下に位置づけている。この規定があるため、光格天皇の実父でありながら、閑院宮典仁親王は親王であるがゆえに、臣下である摂関はおろか三公の下に座らなければならなかった。光格天皇はこれに耐えられないと嘆き、解決を切望したのである。解決の方法としては、「禁中並公家中諸法度」のその規定を改めることだが、幕府の基本法でありとうてい無理である。そこで思いついた方法が、太上天皇の尊号をおくることで、そうすれば上皇の扱いとなるから、三公の次に座るなどということはなくなる。

交渉は先例をよりどころに

天皇は、実父典仁親王に対する親孝行、孝心であるとして、太上天皇の尊号をおくるよう働きかけた。早くも天明二（一七八二）年には所司代に内談があり、この時は、典仁親王一代に限り、閑院宮家領を千石増加（あわせて二千石となる）することで決着した。天明五年にも、武家伝奏が幕府との交渉を命じられている。天明七年と八年にも幕府へ「御内慮」を伝えようとしたが、大嘗祭や御所の焼失などがあったために延期していた。

尊号をおくりたいという天皇の「御内慮」が正式に幕府に伝えられたのは、寛政元（一七八九）年八月のことであった。その文書の中で朝廷が示した理由は、光格天皇の実父典仁親王への孝心と先例の存在である。この「御内慮」をうけた幕府は、老中松平定信が中心となり対応を協議したが、太上天皇の称号がただの「虚号《きよごう》」だとしても、親子の恩愛で、天皇の位につかない、皇統を継がなかった者に、太上天皇の尊号をおくるのは道理がない、という結論に達し、朝廷に対しては、〝なお再考を求む〟という回答を送った。

天皇の実父に対する親孝行という、正面きって反対しにくい理由に対しては、私の恩愛、私情で尊号をおくってよいのかと反論している。後まで問題とされたのは、先例の存在である。すなわち、天皇の実父で、天皇の位にはつかなかったが太上天皇の尊号をおくられた事例である。朝廷側がよりどころとした先例を紹介したい。二例あるようだ。

〈後高倉院の例〉

承久《じようきゆう》の乱（承久三〈一二二一〉年）で朝廷側が鎌倉幕府側に敗北し、三人の上皇は配流され、天皇は廃帝となった。幕府の指示により後堀河《ごほりかわ》天皇が即位したが、当時は院政が通常のかたちであったことから、後堀河天皇の父で高倉天皇の子、守貞《もりさだ》親王（その時はすでに出家し、行助法親王）が太上天皇の尊号をおくられ院政をしいた。そのため、持明院法皇などと称した。これが、天皇の位につかずに太上天皇の尊号をおくられた第一の例である。

〈後崇光院《ごすこういん》の例〉

伏見宮家第三代当主である貞成《さだふさ》親王の子彦仁《ひこひと》親王が、正長《しようちよう》元（一四二八）年に践祚（後花園《ごはなぞの》天皇）し、文安《ぶんあん》四（一四四七）年、貞成親王に太上天皇の尊号がおくられている。亡くなった後に、後崇光院とおくられた。これが第二の例である。

とにかく先例主義の時代であるから、先例の存在は無類の強さを発揮する。朝廷は、この先例をよりどころとして実現を迫った。

ところが、松平定信がこれに異を唱えた。「いずれも承久、応仁の時の儀」、つまり戦乱の時の例であって、先例とはなりえないと主張した。なお、後高倉院は承久の乱の時であるが、後崇光院は正確には応仁の乱ではなく、永享《えいきょう》の乱や嘉吉《かきつ》の乱などの騒動が頻発したころである。このような混乱の時代の例は先例とはなりえないばかりか、悪しき先例は先例たりえないとも定信は主張した。定信は、御所造営問題を通じて親しくなった関白鷹司輔平と、手紙のやりとりをおこなって意思疎通に努め、幕府側の考えを伝えた。

中山愛親の存在

幕府の〝なお再考を求む〟という回答で、いったんは収まったかに見えたこの問題は、寛政三年末に急展開した。朝廷では、寛政三年八月に、老中松平定信と協調し、尊号問題に消極的とみなされた関白鷹司輔平を更迭《こうてつ》し、先に誕生日の祝いを延期せざるを得なくて激しく幕府に反発していたことを紹介した、左大臣一条輝良を後任に据えた。

さらに、同年十二月には、武家伝奏久我《こが》信通《のぶみち》を更迭し、後任には、幕府に対する反感をその日記『公明卿記』（東京大学史料編纂所所蔵）にあらわに記している、前権大納言正親町《おおぎまち》公明《きんあき》をもってきた。新任の関白と武家伝奏には、幕府に対する強い反発を抱いていた両名が就任したのである。

この頃の朝廷では、光格天皇の意思の通りやすい状況が、朝廷内部に生まれていた。議奏の前権大納言中山愛親の存在が大きい。鷹司輔平が、寛政四年十月に松平定信宛てに書いた手紙（前掲「松平定教文書」）には、次のように記されている。

中山前大納言、ことに　恩慮《おんりよ》を蒙《こうむ》り候より、思召《おぼしめし》の趣にまかせ、なおさら推《お》して御すすめ申し上げ、強く申し行い候ことに候、中山は　尊号の事のみにあらず、全体右の趣ゆえ、かれこれ強く申し上げ候より、何かと気の毒なる事のこれ迄数々これ有り、

この手紙から、中山愛親の朝廷内の位置がよくわかる。信任厚い側近として、尊号問題だけでなく、光格天皇に強い影響を与えていたことがわかる。輔平が天明八年八月の定信宛ての手紙で、天皇は「一、二の近臣」と相談してあれこれ朝廷内の政務を処理していると書いていたが、その「一、二の近臣」とは中山愛親のことだった。なお、尊号問題に関して活発に動いてはいるが、武家伝奏になった正親町公明と議奏の広橋伊光《これみつ》は、中山に雷同しているだけだと、鷹司輔平は分析している。

中山愛親を中心として、〈関白一条輝良―武家伝奏正親町公明―議奏中山愛親・同広橋伊光〉のラインで、朝廷は尊号問題の強行突破をはかった。それが、「公卿群議《くぎょうぐんぎ》」といわれる

ものである。

朝廷、強行突破をはかる

寛政三年十二月、「太宰帥親王《だざいのそつ》（典仁親王）尊号宣下《せんげ》あるべき哉」という勅問――天皇の質問――が、四十一名の公卿に下された。勅問がどの範囲の公家に及んだのかというと、現任の関白以下参議以上と、前官の三公、前官ではあるが本座を許されている者――たとえば大納言を辞任した後も、大納言の待遇を与えられる――であった。朝廷では、通常は〈関白―議奏・武家伝奏〉のラインで政務を処理し、それ以外には、五摂家などの勅問衆が数人おかれている程度だった。それ故、尊号宣下の可否を問う勅問が、四十一名もの公卿に下されたことはまことに異例である。

勅問に対する回答の結果は、四十一名のうち、尊号宣下に賛成した者が三十六名、反対と保留が合わせて五名という内訳で、尊号宣下を支持する者が圧倒的多数を占めた。賛成論者の多くが根拠としているのは、先例の存在である。明確に反対を主張したのは、前関白の鷹《たか》司輔平《つかさすけひら》とその子の左大臣鷹司政熙《たかつかさまさひろ》であるが、その理由は、天皇の位につかなかった天皇の実父に尊号をおくらなかった例は数えきれないほどある、というものである。賛成する側は、わずかであるが尊号をおくった例を根拠に、反対する側は、尊号をおくらなかった多くの例を根拠にしているのである。

異例の公卿群議での圧倒的な支持を背景に、朝廷は幕府に尊号宣下の実現を迫った。これも異例のやり方である。幕府への朝廷の申入書には、尊号を宣下しないと実父に対する「孝道」が欠ける、先例があるのにやらないのは先例を破ることになる、経済的な面で優遇措置を講じてもダメである、宣下されても御殿とか領知は少し簡略にしてもよい、などと書いたのち、今回も幕府が認めないなら、天皇にも考えがある（具体的なことはわからないが、「深く　思召あらさせられ」とある）ので、急いで実現せよ、と記されている。

しかし幕府は、相変わらず認めようとはせず、〝なお再考を〟を繰りかえした。とうとう業をにやした光格天皇は、さらに強硬な手段に訴えた。その年、すなわち寛政四年十一月上旬をメドに尊号宣下を実行すると表明したのである。

その背景には、典仁親王の病気がある。典仁親王は、年齢に加えて、前年冬に中風の発作を起こし、春には回復したが夏に軽症ながら再発した。この健康問題もからんで、光格天皇は一刻も猶予ならんと考えたのであろう。そこで一方的な宣下実行、という強硬手段に出たのである。

幕府の反撃と勝利

その通告をうけた幕府も、ついに腹をくくるときがきた。松平定信は、復古的な御所造営の経緯、朝廷が神嘉殿《しんかでん》を勝手に造ったこと、そして、幕府の承認なしに尊号宣下を強行しようとする、そこに従来とは異なる朝廷の動向を見抜き、「容易ならざる儀」と警戒の色を強めた。そこで、尊号問題に決着をつけるため幕府も強硬手段を講じることに決定した。尊号宣下をどうしても強行するならば、関白の責任を追及して辞職させ、宣下を撤回させるという最終の腹づもりを決め、その上で、幕府が承認するまでは尊号宣下を見合わせることと、武家伝奏の正親町公明、議奏の中山愛親、同じく議奏の広橋伊光の三名を江戸に召喚することを朝廷に通告した。

幕府が強硬な態度に出てきては、この時点の朝廷では致しかたない。光格天皇は、やむなく尊号宣下の延期を決めた。しかし、公家三名の江戸召喚は必要ないと突っぱね、しかも、十一月におこなう予定の新嘗祭の親祭を中止すると表明し、不快感をあらわにした。だが、幕府の姿勢に強いものを感じとったのであろう、十一月十二日には尊号宣下の中止を正式決定し、新嘗祭も光格天皇が出御して親祭した。幕府側の勝利である。

尊号宣下を中止させたが、朝廷の動向に危惧を抱いていた幕府はそれだけでは満足せず、攻勢を強めあくまでも公家三人の召喚を要求した。結局はここでも天皇がやむなく折れて、三人の要求のうち中山愛親、正親町公明の二名の江戸召喚に応じた。

公家も幕府が直接処罰できる

寛政五年の春、中山と正親町の両名は江戸に下り、松平定信らのきびしい尋問を受けた。

事態を紛糾させた伝奏・議奏としての職務上の責任を責めたてられ、結局は屈伏せざるをえなかった。かの『幕末の宮廷』の述者下橋敬長は、「中山がまる勝ちに勝ったように、本などには書いてありますが、実はまる負けになって帰っております」（五一頁）と語っている。幕府では、朝廷の関係者を処罰することになったが、そこでは公家を処罰する手続きが焦点となり、老中間の意見が対立した。

松平定信は、「天下の人はみな王臣」であって公家も武家も差別はない、等しく賞罰を加えるのが、朝廷から任命された将軍の「職任」「職分」である、という論理で、朝廷に事前通告することなく、幕府が公家に刑罰と役職罷免を申し渡すべきだと主張した。老中松平信《のぶ》明《あきら》らは、朝廷との関係、「公武和融」に配慮して、事前に通告すべきだと主張し対立した。当時、解官《げかん》という手続きがあり、公家・官人など朝廷の官位を有している者を幕府が処罰するさいには、幕府は事前に朝廷に通告し、朝廷は処罰期日以前にその官人の官位を奪い、いわば平人にする措置をとっていた。ところが、武家はいかに高位の官位を有していても解官の措置をとることなく、幕府はただちに処罰してきた。定信がいうように、武家と公家には違いがあった。そこで定信は、公家と武家に差別をもうけることは、「王臣」を区別することになり、天皇に対して不敬だという議論を展開して、幕府は公家を直接処罰できると強硬に主張した。

結局、「天下の王臣」「将軍職任」の論理を前提としながらも、幕府が、中山・正親町らに閉門《へいもん》（監禁刑のひとつで、屋敷の門と窓を閉じ、昼夜の出入りを禁止する刑）・逼塞《ひっそく》（監禁刑のひとつで、門を閉ざし日中の出入りを禁止する刑）などの刑罰を科し、伝奏・議奏などの役職罷免は朝廷が措置する（朝廷がやらないならば幕府がおこなうという但し書きつきである）、という処分で決着した。定信の主張と松平信明らの意見とを折衷した結論に落ち着いたのである（以上は「松平定教文書」による）。

天皇の強い意思で実現しようとした尊号宣下を阻止し、公家を解官の措置をとることなく処罰したのであるから、まさしく幕府の「まる勝ち」で、朝廷の「まる負け」であった。しかし、下橋が語っていたように、「中山がまる勝ちに勝った」かのように当時の本に書かれている。

この事件を題材にとった『中山夢物語』『中山瑞夢《ずいむ》伝』『中山記』『中白《ちゅうはく》問答』『中山問答記』『反汗秘録《はんかんひろく》』『小夜聞書《さよのききがき》』『寛政秘録』『中山亜相東下記《あしょうあずまくだりのき》』『白川夜船夢物語《しらかわよふねゆめものがたり》』などの実録物がたくさん作られ（田中暁龍氏「寛政期の尊号一件風説書の成立事情」東京学芸大学近世史研究会『近世史研究』第四号、一九九〇年）、貸本屋などを通して流布したが、中山愛親が松平定信を論破し、意気揚々と京都へ帰るという筋書きになっている。勝ち負けがひっくり返り、朝廷が同情を集める「京贔屓《きょうびいき》」の雰囲気が強まっていた。幕府にとってむずかしい時代に入ったことを如実に示した結末だった。

4　対外的危機と朝廷

金銀一対の獅子形を奉納

享和元《きようわ》（一八〇一）年三月、朝廷は正二位権大納言花山院愛徳《かざんいんよしのり》を、伊勢神宮臨時奉幣使《ほうへいし》として派遣した。なぜ、この時に臨時奉幣使を派遣したのか、事情はよくわからない。伊勢神宮に毎年派遣される例幣使《れいへいし》は四位、五位の公家であるが、今回は正二位という上級の公家、すなわち公卿《くぎよう》であり、このようなケースを公卿勅使（資格は位階が三位以上か、官職が参議以上）といい、それが派遣されるのはそうざらにあることではなく、国家の大事の時に派遣されるという。

しかも、天皇に特別の考え（この場合は、とくに祈願したいことという意味）がある場合、伊勢神宮の前で読みあげる宣命《せんみよう》を天皇自身が書く。それを「宸筆《しんぴつ》の宣命」というが、この時も、光格天皇が勅使の派遣される当日の朝に書いている。なにを書いたのか、つまりなにを祈願したのかわからない。

公卿勅使の派遣それ自体が稀なことなのだが、いままでほとんど注目されていない重要なことが、この時にはおこなわれている。安政五（一八五八）年四月に、伊勢神宮の祭主である藤波教忠《ふじなみのりただ》は、上申書のなかで「近世享和元年三月辛酉　勅幣《ちよくへい》あらさせられ候節は、金獅子《しし》形《がた》一頭・銀獅子形一頭　荒祭《あらまつりのみや》宮に御奉納あらさせらる、すなわち　神殿に奉納分明《ぶんめい》に御座候」と書いている。角《つの》のない方が金の獅子形で、高さ一尺六寸というから約五十センチメートル弱、角のある方が銀の獅子形で、高さ一尺九寸というから約六十センチメートル弱の大きさである。公卿勅使が出立する前に、光格天皇は伊勢内宮《ないくう》、外宮《げくう》、荒祭宮の順で奉納物(「神宝」という)をご覧になった。つまり、伊勢神宮(内宮)の別宮である荒祭宮に、金銀一対の獅子形が奉納されたのである(東京大学史料編纂所所蔵『徳大寺家文書』)。

荒祭宮とは、荒らぶる天照大神を祀る重要なお宮で、しばしば神威霊験《しんいれいげん》があらわれるとされる。その荒祭宮に獅子形を奉納した初めは、平将門《たいらのまさかど》の乱の時という。十世紀前半(平安中期)に関東でおこった反乱で、朝廷を震撼《しんかん》させた事件であるが、獅子形奉納はそのような内乱事件の平定を祈願したものである。また、弘安《こうあん》四(一二八一)年にもおこなわれている。すなわち、元軍の二度目の襲来の年で、弘安の役と呼ばれる。「蒙古《もうこ》国征伐御祈り」のため、獅子形が荒祭宮に奉納されたのである。

内乱事件のような国内的危機、外国による侵略などの対外的危機、すなわち国家と朝廷=天皇が危機に直面したときにおこなわれる神事の一つなのである。それでは享和元年頃、そのように深刻な内外の危機が、朝廷において認識、意識されていたのだろうか。これははっきりとはわからない。当時の対外情勢では、寛政四(一七九二)年にロシア使節ラックスマンが来日し、通商を要求したことに象徴された、ロシアの南下にともなう北方からの危機が重要である。そして、寛政八年にイギリス人ブロートンが蝦夷地《えぞち》の海図作製のため室蘭《むろらん》に渡来したことを直接の契機に、寛政十一年から、幕府は蝦夷地を直轄する政策を打ち出した。このような対外情勢と幕政の動向がポイントの一つだろう。

なお、奇妙な噂をあるお公家さんが書きとめている。そのお公家さんとは、当時前権大納言正二位の柳原紀光《やなぎわらもとみつ》であるが、寛政九年九月二十四日に、九月上旬に蒙古の船六百艘ほどが対馬沖に現われ、十三日の夕方に、大雷雨のためにすべて沈没した、という噂を書き留めている（『紀光日記』）。元寇《げんこう》を思いおこさせる噂である。真偽のほどは知らないと柳原自身も言っているが、こんな噂が生まれるような雰囲気のあったことが想像される。

朝廷内部にどのような対外的な危機感があったのかは、具体的には指摘できないが、逆に荒祭宮に獅子形が奉納されたという事実は、天皇・朝廷はそれほど明確なかたちで認識していたとは思えないが、漠然と内外の危機を感じとり、国家と朝廷の前途に不安感を募らせていたことを示すのではなかろうか。それはさらに、石清水八幡宮と賀茂社の臨時祭の再興へと向かわせる。

臨時祭の再興に熱意を燃やす

石清水八幡宮と賀茂神社は、伊勢神宮につぐ崇敬を朝廷からうけていた。石清水八幡宮では、毎年八月十五日におこなった放生会《ほうじょうえ》が例祭、毎年三月午《うま》の日におこなわれたのが臨時祭である。放生会は応仁の乱（一四六七年おこる）以来中絶していたが、延宝《えんぽう》七（一六七九）年に再興された。賀茂神社では、四月の中の酉《とり》の日（現在は五月十五日）の賀茂祭（葵祭）が例祭で、毎年十一月の下の酉の日におこなわれたのが臨時祭である。賀茂祭は応仁の乱以来中絶していたが、元禄七（一六九四）年に再興された。石清水の方を南祭といい、賀茂社の方を北祭といい、南北祭と総称していた。

例祭は再興されたが、石清水八幡宮の臨時祭は、永享《えいきょう》四（一四三二）年に中絶したままであり、賀茂社の臨時祭も応仁の乱後に中絶したままであった。石清水臨時祭は、天慶《てんぎょう》五（九四二）年に、平将門・藤原純友《ふじわらのすみとも》の乱（承平《しょうへい》・天慶の乱）平定の御礼として始められた。賀茂社臨時祭は、宇多《うだ》天皇が神のお告げをうけ、寛平《かんぴょう》元（八八九）年から始められた。とくに石清水の臨時祭は、国家の危難にさいして天皇と国家の安泰を祈ることからはじまった神事であった。

寛政十二年（一八〇〇）に、光格天皇は「賀茂石清水両社臨時祭御再興の宸翰御趣意書」（『歴代詔勅集』七一六頁）を書いた。まず、石清水八幡宮と賀茂社は、「わが邦《くに》無比の宗廟《そうびょう》にして、累代朝家の崇敬、他に異なる」という特別な位置にあるにもかかわらず、その臨時祭が長く中絶したままになっていることは、まことに恐れ多い。とくに、「不測の天運」により傍流から天皇の位についたのは、神の助けによるものなので、「神事を再興するをもって先務となす」のだという。彼が神事再興に熱意を燃やした理由の一斑がわかる。朝廷儀礼は、枚挙にいとまがないほどさまざま再興・復古を成し遂げたが、神事に関しては何ひとつとして再興していない。臨時祭再興なくしては、しばしの間も安心できない（「須臾《しゆゆ》も五内《ごだい》を安んず可けむや」）と訴えている。

光格天皇は、年未詳（寛政十年以降で前述の「御趣意書」と同じ頃か）の正月二十六日に、後桜町上皇に書いた手紙のなかでも臨時祭再興に触れている（『歴代詔勅集』七一五頁）。十六、七歳というから、天明六、七年ころからか、賀茂社の臨時祭を再興したいと考え、関白にも相談してきた、賀茂社のそれが再興されれば、対《つい》の関係にある石清水臨時祭も再興しなければならない、これは自身の在位中、かつ関白鷹司政熙の在職中に是非《ぜひ》とも実現したい、と書いている。ここでは賀茂社臨時祭が、とくに強調されている。

後年（安政六〈一八五九〉年ころ）三条実万《さねつむ》が、光格天皇の賀茂社に対する思い入れの強さは、幼少のころ賀茂社で養育されたからだという趣旨のことを書いている。（『孝明天皇紀』第二編、六三五頁、平安神宮）。事情は知らないが、そういう背景があったのかもしれない。

約三百八十年ぶりに実現

「御趣意書」と後桜町上皇あての手紙のなかで、臨時祭再興を幕府と交渉させると書いていたが、朝廷側が京都所司代にその件で申し入れたことを確認できるのは、享和元（一八〇一）年のことである（東京大学史料編纂所所蔵写本『伊光記《これみつき》』）。獅子形を伊勢の荒祭宮に奉納した年でもある。所司代は、臨時祭を再興したいというだけの一通りの要望ならば認められないが、これにかける天皇の熱意は「格別」と知って、江戸の老中に取り次いでいる。若干のやりとりはあったが、朝幕の交渉が具体的になるのは、文化三（一八〇六）年からで、いちばんネックになったのはカネの問題だった。

幕府は臨時祭経費の削減を朝廷にせまり、祭礼経費そのものと祭礼挙行の間隔が焦点となった。本来なら毎年の三月が石清水、十一月が賀茂社の臨時祭であるが、三年間隔でやるとか、隔年にやるとかの案が出たり、また、継続的にやれるかどうかはわからないが、とりあえず隔年に挙行ということで再興してはどうか、などという案が錯綜し、結局、文化十年三月に石清水臨時祭、翌文化十一年十一月に賀茂社臨時祭、文化十二年三月に石清水臨時祭……というサイクルで再興することに決着した。

所司代の牧野忠精《まきのただきよ》が天皇の「思召」は「格別」と判断し、江戸の老中は「禁中《きんちゅう》格別の御懇願」と受け取ったように、光格天皇の再興にかける強い熱意がこの問題の打開に大きな力になっている。十六、七歳のころから云々というのも、あながち誇張でもないようだ。文化十年三月十五日、約三百八十年ぶりに光格天皇念願の石清水臨時祭が挙行され、翌年十一月には賀茂社臨時祭も再興された。心中いかがであったろうか。

内憂外患と密接に関連する獅子形の伊勢荒祭宮への奉納から石清水八幡宮・賀茂社の臨時

祭再興へという流れを考えてみると、たんに長く中絶していた神事を再興させたということだけではすまされない問題があるのではないか。やはりそこには、いまだ漠然とはしているが、内外の危機（危機感という表現が大げさなら不安感）が予感されているのではなかろうか。その危機とは、天明の末年の全国的な一揆・打ちこわしの激発、北方におけるロシアの進出などがおもな要素と考えられる。そんなことは天皇やお公家さんには関係ないよと言われるかもしれないが、獅子形から臨時祭再興への流れは、彼らの漠然とした不安感抜きにはうまく説明できないのではないか。

5　大政委任論の成立

本居宣長の解釈

将軍の統治権は「預りもの」とする考え方は以前からあり、預けた主体を「天」とする者と「天皇」とする者とがあった（石井紫郎氏「近世の国制における『武家』と『武士』」『日本思想大系27　近世武家思想』五〇四〜五〇八頁、岩波書店）。だが、当時の思想状況、さらには幕府を取巻く政治状況が、後者を有力なものとした。現実政治のなかでの天皇の地位を明確にさせたものが、大政委任という考え方であった。

大政委任とは、天下の政《まつりごと》を行なう権限を、天皇（朝廷）が将軍（幕府）に委任したという考え方である。その前提にあるのは、日本国を統治する権限は江戸時代にあっても天皇にある、だから天皇が日本国の君主だという理解であるが、その権限を一時的に徳川将軍に委任した、預けたのだという解釈である。これは、江戸時代の天皇と将軍、朝廷と幕府との政治的関係をうまく説明したものである。

大政委任という考え方で江戸時代の朝幕関係をみごとに説明してみせたのが、かの本居宣長である。天明七（一七八七）年に執筆した『玉くしげ』（『本居宣長全集』第四、五五六頁、一九〇二年版）のなかで、「天下の御《み》政《まつりごと》」は、朝廷の「御任《みよさし》」により徳川家康とその子孫である代々の将軍がおこない、将軍はその「御政」を大名に預けている、天皇が国土と国民を将軍に預けたものであるから、国土と国民は将軍や大名の私有物ではない、という趣旨のことを書いている。国土と国民、そしてそれを統治する権限は、〈天皇→将軍→大名〉という委任関係になっている、という解釈なのである。その政治責任は、右の矢印が逆方向に向くことになるのはいうまでもない。

松平定信の説

大坂の儒者中井《なかい》竹山《ちくざん》は、松平定信の求めに応じて書いた『草茅危言《そうぼうきげん》』（寛政元〈一七八九〉年の作、『日本経済大典』第二十三巻）のなかで、「聖天子（天皇）宇に当たらせ給い、関東（幕府）賢治委任を専らにせさせられ」（三二一頁）と、天皇から将軍への「委任」という言葉がストレートに使われている。
「御任」論により、天皇―将軍―大名の三者の関係が整合的に説明され、将軍と大名、すなわち幕府と藩による国土と国民の統治は正当化された。また、水戸藩の学者で後期水戸学の祖といわれる藤田幽谷《ふじたゆうこく》は、寛政三（一七九一）年に松平定信の求めに応じて書いたとされる『正名論《せいめいろん》』（『日本思想大系53　水戸学』）のなかで、幕府が朝廷を尊べば諸大名が幕府を尊び、その家臣たちも大名を尊ぶ、それにより上下の秩序が保たれるという趣旨のことを書いて、尊王の効用を説いた（一〇〜一四頁）。〈家臣↓大名↓将軍↓天皇〉という崇敬の序列である。

十八世紀後半の学者により、天皇を権威の源泉とする〈天皇―将軍―大名〉の三者の政治的関係が説明された。これを学者・思想家が言うだけではなく、幕府の側からも言い出した。それが松平定信である。天明八（一七八八）年八月に、当時十六歳の将軍徳川家斉に対して、「将軍家御心得十五ヵ条」（『有所不為斎雑録』）を差し上げた。

そのなかで、「古人も天下は天下の天下、一人の天下にあらずと申し候、まして六十余州は禁廷《きんてい》（朝廷・天皇の意）より御預かり遊ばれ候御事に御座候えば、かりそめにも御自身の物に思し召すまじき御事に御座候、将軍と成らせられ天下を御治め遊ばれ候は、御職分《しょくぶん》に御座候」「永く天下を御治め遊ばれ候御事、皇天及び禁廷への御勤め、御先祖様方への御孝心に当たらせらるべし」と書いている。

「六十余州」、すなわち日本の国土と国民は天皇から将軍に預けられたもので、それを統治するのが将軍の「職分」（その職にともなう義務。職務）であり、長期にわたってそれを果たすことが天皇への義務だ、と説いている。宣長流の「御任」という考え方に酷似した説である。

天下の人はみな王臣

すでに説明したように、かの荻生徂徠は『政談』のなかで、大名たちは、天皇から官位を授けられているのだから、本当の主君は天皇だと思っているが、いまは将軍の力が強いので、その威勢におされて従っているだけ、というのが本心だから、将軍の威勢が衰えた時が心配だと書いていた。この徂徠の不安は、幕末に的中した。

しかし、幕末を待たず十八世紀も末になると、将軍の御威光にも陰りが見えてきた。それを象徴したのが、天明七年五月の江戸の大打ちこわしであった。将軍お膝元の江戸で、五日間にわたり打ちこわしが続き、支配がマヒするという事態が引きおこされた。将軍の御威光、権威の著しい失墜であった。簡単にいえば、田沼時代の幕府の悪政に対する批判であり、その清算を求める民衆の直接行動でもあった。またどの大名も、財政危機に象徴される藩政の曲がり角を迎え、悪戦苦闘していた。大名にしても、幕府に言いたいことは山ほどあったのではないか。

将軍、幕府の御威光の陰りをいかに立てなおすか。これが十八世紀末に幕政を担当した松平定信の課題であった。御威光再建策の一つとしたのが、先の大政委任論の表明であった。現実の場でも、将軍職は天皇から任命された職分であり、それを全うすることがその職分を敬うことであり、それが天皇・朝廷を崇敬することになる、という趣旨の発言をしている。さらに、「天下の人はみな王臣」ともいっていた。公家だけが王臣（天皇の臣、という意）なのではなく、武家も王臣であり差別はない、ということを強調する文脈のなかでの発言であった。また、将軍から大名以下武家一般、さらには全国民が天皇の臣下であるという君臣関係の主張でもある。

松平定信の大政委任論は、天皇の臣下である国民を、天皇から将軍職に任じられて統治し、その責任は天皇に負うという内実であった。この後の朝幕間の交渉にあたって、「天下政務は関東（幕府）へ御任」（文化九〈一八一二〉年、東北大学附属図書館所蔵『六条有庸《ろくじょうありつね》公武御用日記』）といった表現がみられる。これなどは、大政委任論そのものである。

天皇が君主であり、その下で政治の全権を委任された将軍が全国土と国民を統治する、という大政委任論が確立した。天皇は君主であるが政務は将軍に委任している（委任したのだから朝廷は幕府の政治にとやかく言わない、ということも意味している）という国政の枠組みは、幕末政治史、とくに朝幕を中心とした政治史の枠組み、キーワードとして重要な役割を果たすことになる。大政委任を肯定すれば江戸時代的政治の枠組みを肯定することになり、大政委任を否定すれば江戸時代的政治の枠組みを否定することになるからである。後述するように、孝明天皇が固守した「江戸時代の天皇の枠組み」とは、これを指している。

幕府からの対外情勢報告

しかし、現実政治というものは、枠組みだけで片づくほどなまやさしくない。枠組みを否定するわけではないが、すぐに枠組みから外れようとする生き物である。大政委任の枠組みにもかかわらず、朝幕間で異例の重大「事件」がおこった。文化四（一八〇七）年に、幕府が朝廷に対外情勢を報告してきたのである。これは「事件」である。

文化四年六月二十九日に、禁裏付の池田政貞《まささだ》が武家伝奏広橋伊光のところにやってきて、所司代の阿部《あべ》正由《まさよし》から、蝦夷地で騒動がおこり、たいしたことはないようだが、いろいろと噂が流れているので、念のため朝廷へ情勢をお知らせしたほうがよいかどうか聞いてこい、と言いつけられたのですがと話した。そこで伝奏の広橋が、情勢を知らせてくれというと、池田は用意していた書付を差し出した。その書付に書かれていた内容はよくわからないが、広橋が関白鷹司政熙にこ

ロシア使節、レザノフ

のことを伝えた時には、「蝦夷魯西亜《えぞろしあ》船一件」と言っている（東京大学史料編纂所所蔵写本『伊光記』）。

「蝦夷魯西亜船一件」とは、つぎのような事件であった。文化元年に来日したロシア使節のレザノフに対して、当時のわが国の知識人からも非難されるような非礼な扱いをしたうえ、寛政四（一七九二）年に来日したロシア使節のラックスマンには通商許可をほのめかしたくせに、今回は全面的拒否回答をおこなった。これに端を発して、ロシア軍艦が、文化三年九月にカラフト、翌年四月にカラフトとエトロフ、五月に利尻《りしり》の日本側施設や船を攻撃するという事件がおこり、幕府は東北諸大名に蝦夷地出兵を命じるなど、ロシアとの間に軍事的緊張が一挙に高まった。

文化四年の六月中旬の江戸では、その話でもちきりで、京都では「甚だ不吉のことば」の入った唄が流行したという（国立公文書館所蔵『視聴草《みききぐさ》』）。後に幕臣川路聖謨《かわじとしあきら》が、「今にも東海より上陸いたし陸奥まで切り取り候ように、都下のものは申せし故」（『遊芸園随筆』日本随筆大成23、八一頁）と書いているように、ロシア軍の東海地方からの上陸、東北地方の侵略が江戸では噂されていた。当時、ロシア軍はすでに東北地方にまで侵入したという悲観的戦況が噂されていた。また、日本国開闢《かいびゃく》以来外国との戦争で初めて敗北したことは日本国の大恥だ、と幕府を批判する言動も登場している（『藤岡屋日記』第一巻、七五頁、三一書房、一九八七年）。

歴史の皮肉

異国による侵略という未曾有の危機感が、虚実ないまぜになって増幅され、ロシアとの軍事的対峙《たいじ》に備えた諸大名の大規模な軍事動員を覚悟しなければならない情勢となった。対外的危機に対処できる強力な態勢が、幕府に求められたのである。このような情勢のもとで、幕府は朝廷に対外情勢を進んで報告した。大政委任の枠組みのもとでは、まったくその必要はないにもかかわらずあえて報告したのは、幕府になんらかの思惑があってのことではないか。この時に幕府は朝廷に何を期待したのか、本当のところはわからない。幕末になれば、国内の異論を押さえ、人心の統一（「人心の折合《おりあい》」）をはかる最高度の政治的役割を、幕府は天皇に期待した。これは、安政五（一八五八）年の日米通商条約勅許問題のところで詳しく述べることになる。この文化四年のときも、強力な態勢作りのため、朝廷にそのような役割を期待したのかもしれない。

だが、この対外情勢の報告は、情勢の激変とともに幕府の思惑をはるかに越え、逆に幕府の手足を縛り、がんじがらめにされてしまう。「歴史の皮肉」という言葉がピッタリする。これが先例となり、朝廷が幕府に対外情勢の報告を求め、かつ幕府の対外政策に朝廷が介入する根拠を与え、朝廷側に、大政委任なれど……国家の存亡にかかわる重大事は別だ、という意識を持たせてしまった。文化四年という時点では、後にそのような重大な意義を持とうとは、朝廷も幕府もどちらもほとんど気が付かなかったであろう。幕末の対外的危機の深刻化が、この「対外情勢の報告」に生命を与え、重要な活動の場を提供した。これはまさに、歴史のダイナミズムである。

6　天皇号の再興

朝廷権威の強化に執念を

文化十四（一八一七）年三月、前例をみない三十九年の長きにわたって在位した光格天皇は、子の恵仁《あやひと》親王（後の仁孝天皇《にんこうてんのう》）に譲位した。天皇は上皇となり、御所を出て仙洞《せんとう》御所に移り、これも朝儀再興の一環でもあったのか、霊元《れいげん》天皇（在位は寛文三〈一六六三〉年～貞享四〈一六八七〉年。院政は貞享四年～享保十七〈一七三二〉年）以来、久しぶりに院政をしいた。

院政をしいた光格上皇は、なお朝廷権威の強化に執念を燃やした。実現したものとしては、朝覲《ちょうきん》行幸の再興がある。朝覲行幸とは、天皇が父である上皇や母である皇太后の御所に行幸することであるが、具体的には、恵仁（仁孝）天皇が、年頭に父である光格上皇の住む仙洞御所に行幸することである。幕府は、この儀式再興のために一万両という巨額の金を出すことに合意し、実現が決まった。ただし、実際におこなう前に光格上皇が亡くなってしまい、日の目をみることはなかった。

その他に、賀茂社への行幸、さらに神祇官《じんぎかん》の再興などに取り組んだ。賀茂社行幸は、光格上皇が幼少期を賀茂社で過ごしたことから、その実現は宿願だったという。ちなみに、孫の孝明天皇による、文久三（一八六三）年の攘夷祈願のための行幸先が賀茂社だったのは、因縁めいた話ではある。

また、朝廷神事にとってとくに重要だったのは神祇官（朝廷の祭祀をつかさどり、諸国の神社を統轄した古代律令制の役所で、太政官の上位におかれた）であったが、廃絶して久しく、吉田家が吉田神社に八神殿《はっしんでん》をつくり、神祇官代として代行していた。それゆえ、朝廷神事の真の再興のためには神祇官の再興が是非とも必要だった。光格上皇在世中に実現することはなかったが、没後二十八年目の明治元年閏四月に、明治政府の祭政一致の理念に基づいて再興された。

光格上皇の生存中には実現しなかったが、天保十三（一八四二）年には、公家の教育機関として学習所（院）の創設が決まり、弘化四（一八四七）年に開校した。光格上皇自身が学問、学習に熱心であったことはすでに紹介したが、公家の教育振興をめざして取り組んでいた課題だった。皇族・華族の教育機関として明治十（一八七七）年に学習院が設置され、現在に至っていることはよく知られているが、その所以は光格天皇にあった。

天皇を囲む勉強会

これは、光格上皇のところでおこなわれたのではなく、恵仁天皇のところでおこなわれた勉強会である。天保八（一八三七）年ころから、天皇の御前でしきりと勉強会が催されている。勉強会の内容は、和御会《わおんかい》と漢御会《からおんかい》と称し、和御会は『六国史《りっこくし》』（奈良・平安時代に古代国家が編纂した歴史書）、漢御会は中国正史・『資治通鑑《しじつがん》』などの学習である。近習《きんじゅう》の公家などが出席し、月に三回ずつ計六回ほどおこなわれている。

天保八年に始まった時の最初のテキストは、『日本書紀』であった。それが終わると、天保九年からは『続日本紀《しょくにほんぎ》』、天保十三年から『日本後紀』、同十四年から『日本逸史《いつし》』（『日本後紀』の欠を補う）、弘化元（一八四四）年から『続日本後紀』、その翌年から『文徳実録《もんとく》』、『三代実録』と読み進み、約八年をかけて『六国史』と『日本逸史』を読み終えている。

その勉強会の様子がどんなものであったか、当時正三位参議だった野宮定祥《ののみやさだなが》の日記『定祥卿記』（東京大学史料編纂所所蔵写本）の天保十年十一月十三日の記事から紹介しておこう。

今日続紀（続日本紀）御会読《かいどく》なり、よって午の刻（十二時ころ）後に参内、（中略）中の斜め（午後五時過ぎか）御会、御前に召す、読み上げ・評論例のごとし、秉燭《へいしょく》し事終わり退出す、勉強会は夕方に始まり、天皇の前で、出席の公家が輪番でテキストを読みあげ、解釈やら何やらをするようだ。現在の大学でおこなわれている、史料講読か演習の講義と似た形式かと思われる。御所内で、天皇を囲んで若手の公家が六国史の勉強会をおこなっているという図は、少なくとも江戸時代では異例のことである。

天皇と六国史、といって思い出すのは宝暦事件である。宝暦事件とは、尊王思想家の竹内《たけのうち》式部《しきぶ》とその門弟の公家を、朝廷の告発をうけて幕府が処罰した事件である。

事の発端は、宝暦七（一七五七）年ころ桃園《ももぞの》天皇（在位は延享四〈一七四七〉年〜宝暦十二〈六二〉年）が、当時の支配的な神道説となっていた山崎闇斎《やまざきあんさい》の垂加流《すいかりゅう》神道を学んだ、尊王家の竹内式部の弟子である徳大寺《とくだいじ》公城《きんむら》らから、『日本書紀』（神書と呼んだ）の講義を受けていたことにある。このことを関白らが問題視し、いってみればよってたかって止めさせようとした。その時桃園天皇は、『日本書紀』は日本の根源を記した書なのだから、「日本の主」である天皇が、それを読まないで中国の書物ばかり読んでいるのはおかしいと反論している。

天皇が『日本書紀』の勉強をするということが、奇異な目で見られていたことがわかる。十八世紀半ばとは、まだそんな時代だった。

ところが、その宝暦事件から約八十年後の十九世紀も三〇年代になれば、天皇の主催する『日本書紀』以下の六国史の勉強会が、問題視などされることなく御所内で公然とおこなわれている。時代は確実に変化していた。日本の成り立ち、さらに古代天皇制、古代律令制の成立・展開の歴史を編纂した六国史の勉強は、天皇・公家の歴史意識のありかたに大きな影響を与えたのではなかろうか。幕末の現実政治と関わるとき、それは有形無形の意味をもったであろう。

「天皇」号の中絶

天保十一（一八四〇）年十一月十九日、天皇在位三十九年、引きつづき院政二十四年という長期間にわたり朝廷のトップに君臨した光格上皇が、七十歳の生涯を終えた。この上皇は、翌年の閏正月《うるう》に「光格天皇」とおくられた。このことに関わって、つぎのような落書が出ている（『藤岡屋日記』第二巻、一七〇頁、一九八八年、三一書房）。

　　柳営御追善の連歌

天皇の号が此度世に出て　　仙院
はっと驚く江戸も京都も　　貴賤
陵はいかがいかがと有職者　　古儀
泉はちいと不気受なもの　　仏法

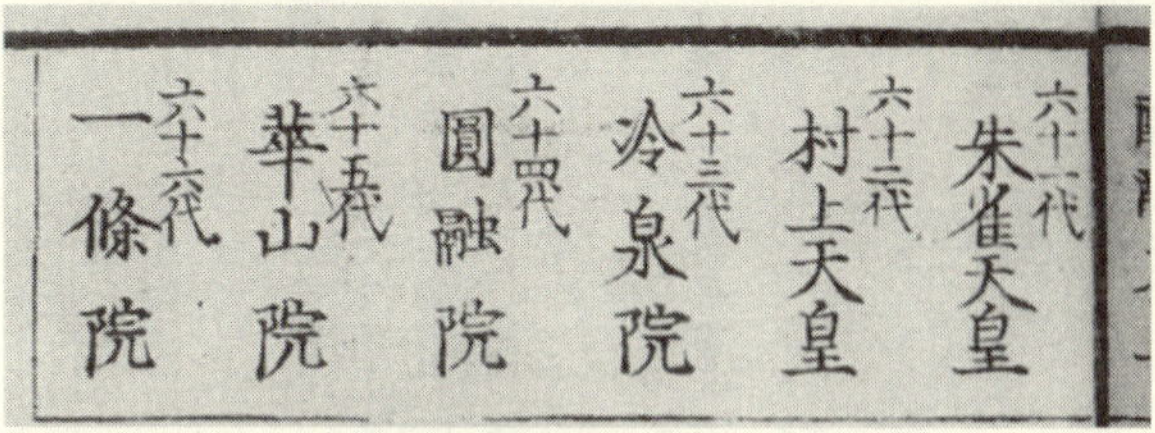

村上天皇以来、天皇号は約九百年のあいだ中絶（雲上明覧）

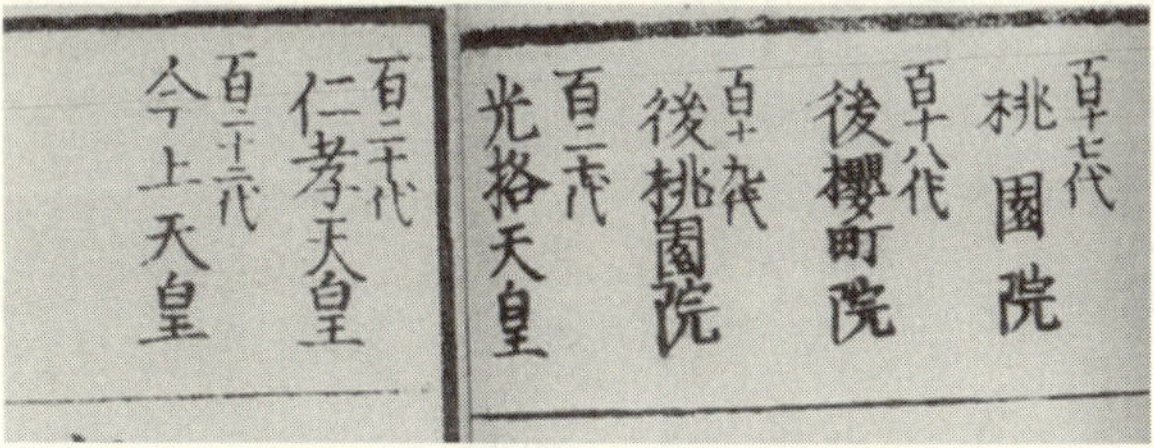

光格上皇に「光格天皇」号がおくられる（雲上明覧）

上皇に「光格天皇」と、「天皇」号がおくられたので、江戸でも京都でもみな一様にびっくりし、朝廷の儀礼や制度に明るい有職家《ゆうそくか》たちは、山陵（天皇陵）を造ってはどうですかどうですかと勧め、そのためか江戸時代の歴代天皇が葬られた泉涌寺《せんにゅうじ》はちょっと面白くない、という「天皇」号がおくられたことが引きおこしたいくつかの波紋を連歌の形式に託して表現している。

　上皇に「光格天皇」とおくっただけなのに、人々はいまさらなぜ「天皇」号が出てびっくりしたのだろうか。

　その理由はふたつほどある。江戸時代、天皇のことを通常は「主上《しゅじょう》」「禁《きん》裏《り》（裡）」などと称し、天皇という語は馴染みのない呼称だったことがひとつの理由である。

また試みに、江戸時代の公家名簿、朝廷の職員録ともいうべき『雲上明覧』の安政四（一八五七）年版を開いてみると、はじめの方のページの上段の欄に歴代天皇が載せられている。初代神武天皇から第六十二代村上天皇までは「……天皇」と記されているが、第六十三代の冷泉院から第百十九代の後桃園院（光格天皇の先代）までは「……院」という院号で、第百二十代の光格天皇からまた「……天皇」となっている。すなわち、村上天皇（在位は天慶九〈九四六〉年～康保四〈九六七〉年）以来、五十七代約九百年のあいだ「天皇」号は中絶していたのである。八百七十四年ものあいだ眠りこんでいた古代の遺物のような「天皇」号の復活だったから、人々がびっくりしたのである。

諡号、天皇号復活の意味

死去後におくられる称号には、諡号《しごう》と追号《ついごう》とがある。諡号は、その生前の功績を讃えておくられる美称で、「天之《あまの》真《ま》宗豊祖父《むねとよおおじ》天皇」（文武天皇）のような国風諡号と、桓武《かんむ》天皇のような漢風（中国風）諡号とがある。これに対して追号は、そのような賛美の意味を含まないもので、通常は「醍醐《だいご》」「白河《しらかわ》」などと地名がつけられている。

光格天皇は「諡号＋天皇」で、最上位の称号と言えるが、この形式の称号がおくられたのは、「君がため春の野にいでて若菜つむ我が衣でに雪はふりつつ」という和歌が百人一首に収められている第五十八代の光孝《こうこう》天皇（在位は元慶八〈八八四〉年～仁和三〈八八七〉年）が最後である。古代律令制、古代天皇制のイメージを色濃くもった称号といえよう。光格天皇という「諡号＋天皇」称号は、実に九百五十四年ぶりだった。まさに、九百年以上もの長いあいだ眠っていた古代天皇制の「怪物」が目を醒ましたようなもので、人々がびっくりしたのも当たり前だ。

ちなみに、我々はたとえば「後醍醐天皇」などと呼ぶが、江戸時代の人はそうは呼ばずに「後醍醐院」と呼んでいた。院号なのである。院号であることが気になったのか、明治時代に入ると、政府は「……院天皇」と称したりしたが、なお「……院」を引きずっていた。このような「……院」と院号をおくられた歴代天皇について、「院」を省いて「……天皇」と称するようになったのは、大正十四（一九二五）年に時の政府が決めたからである。「後醍醐天皇」などと呼びはじめたのは、たかだか八〇年ほど前からに過ぎない。

諡号・天皇号の復活にはどのような意味があるのだろうか。十八世紀末の著名な儒者である中井竹山《ちくざん》の意見を聴いてみることにしよう。竹山はその代表作『草茅危言《そうぼうきげん》』のなかで、「天皇の文字を廃せらること嘆《たん》ずべき也」と慨嘆している（『日本経済大典』第二十三巻、三二五頁）。院号というものは、大名から庶民までが用いているものなので、「極尊」である天皇にふさわしくない、というのである。

神惟孝という人も、『草茅危言摘議《てきぎ》』（同前第三十八巻、五〇二頁。天保十二〈一八四一〉

年ころの著作）のなかで、院号は「上下貴賤の隔て」もなく恐れ多いことだと書いている。そこから竹山も神も、「極尊」にふさわしいのは「天皇」号なのだから、「天皇」号を復活させるべきだという結論になる。また、竹山と神は、いままで院号をおくられた天皇にも「天皇」号を追贈すべきだと主張し、竹山はその際は元号を諡号——「元号＋天皇」——としておくることを提案している。ちなみに、竹山の「元号＋天皇」案は、明治時代に入って実現し、明治天皇以来現在まで続いていることを付けくわえておこう。

江戸時代は裕福であれば町人・百姓身分の者でも、戒名に院号をつけることができた。また、諸大名、さらにはたとえば八代将軍徳川吉宗が「有徳院《ゆうとくいん》」とおくられているように、将軍も院号をつけている。院号であれば、天皇も将軍も、そして庶民も同列ということになる。その状態から抜けだし、将軍よりも上位の、そして日本国の「極尊」であることを明示する称号こそ、「天皇」号であった。それ故、「天皇」号の復活は、天皇が日本国において「極尊」であり、特別な権威的存在であることを宣言したものといえよう。これにより天皇は、大政委任論により政治の正統性、政治権限の源泉という位置づけを与えられたが、さらにそれにふさわしい称号も復活させたことになる。

光格天皇の大きな遺産

「天皇」号の復活も、朝廷が独断で決めたわけではない。朝廷から幕府に申し出て、その承認のもとで実現した。その朝幕間の交渉を簡単に紹介しておこう（国立公文書館所蔵『日野資愛《すけなる》公武御用日記』による）。

光格上皇は天保十一年十一月十九日に亡くなり、通例ならば院号の追号がおくられるはずだった。だが、（追号、院号以外をおくろうという）「叡慮《えいりよ》」があると伝えられ、ついで諡号をおくることの可否を問う勅問が下された。諡号をおくりたい理由としてあげられているのは、「（践祚以来）故典《こてん》・旧儀を興復せられ、公事《くじ》の再興少なからず、御在位三十有余年、古代にも稀に、しかのみならず、質素を貴とばれて修飾を好まれず、御仁愛の聖慮を専らにし、ついに衆庶に及ぶ」ということであった。多くの朝廷の儀礼や神事の再興・復古、三十九年に及ぶ異例の長期にわたった在位、質素な生活と国民への仁愛など、生前の功績を讃えるために諡号をおくりたいという。

公家たちの賛成を得た朝廷は、幕府に諡号の復活を求め、幕府は「この度は格別の御訳柄《わけがら》をもって御諡号の儀、御内慮（天皇の意向）の通りたるべき旨」と、特例として承認した。そこで朝廷は諡号を何にするかを検討し、元号と同様にいくつかの案を幕府に提示し、その意向をふまえて光格天皇と決定、山陵使を派遣し故上皇の霊前に伝えた。

こうして「諡号＋天皇」という形式の光格天皇が誕生し、諡号・天皇号が復活した。ただ特例として認められただけだったので、朝廷は、「もっとも追号にても御斟酌《しんしやく》ながら、帝位の御ことゆえ、以後は天皇と称したてまつらるべき」と、諡号ではない追号の場合でも、院号ではなく天皇号をおくりたいと交渉し、幕府に認めさせた。この結果、諡号がおくられるか追号がおくられるかはそのとき次第としても、いずれにしても天皇号がおくられることは確定した。天皇号の恒常的な復活が実現し、それ以後は、仁孝、孝明、明治、大正、昭和天皇とおくられたわけである。

光格天皇は、その生涯を閉じることによって古代天皇制を象徴する天皇号の復活を実現させた。古代天皇制にまつわる、そのシンボルともいうべきさまざまな儀式、神事、建物などを復古・再興させたその生涯の最後を飾るにふさわしい、見事な総しあげであった。大政委任論、天皇号による政治的秩序の頂点、権威の源泉としての地位、強烈な君主意識と皇統意識、儀式・神事・御所の復古再興により強化された神聖(性)と権威を次代に残した。幕府からも、またそれに反対する側からも依存されるにふさわしい権威を身に着けはじめ、それが孫にあたる孝明天皇への大きな遺産として引きつがれ、幕末政治史に重要な役割を果たしうるようになる。それが次の章のテーマである。

第四章　鎖国攘夷主義の天皇

1　即位と生活

評伝　孝明天皇

孝明天皇は、剛胆というか頑固なところのある人だった。十六歳で践祚《せんそ》し三十六歳で在位中に亡くなるまでの約二十年間は、日本の歴史のなかでも未曾有《みぞう》の激動の時代であった。逃げ出したくなるような難しい局面で時に判断不能に陥ってしまうこともあったが、鎖国攘夷の主張を剛胆・頑固に貫いて生き抜いた生涯であった。先帝の急死により突如として天皇位についたという点では祖父光格天皇に似ているが、天皇の位は、その言動が日本国の進路を左右しかねないまでの権威を身につけていた。

孝明天皇は、祖父・父が築きあげた遺産を引きつぎ、天照大神、神武天皇に連なる連綿たる皇統とそれに裏打ちされた君主意識をバックボーンに、朝廷の先頭に立って困難な情勢に立ち向かっていった。幕府と反幕府勢力が天皇をめぐって交錯し、廃帝の脅しをうけ、一歩誤れば天皇・朝廷の存在すら危うくする、薄氷を踏むような日々の連続であった。そのなかで、死の直前を除けば鎖国攘夷の主張は変わることなく、その主張を貫くことによりわが国を危険に陥れるとともに、国内世論を沸騰させ、膨大なエネルギーを汲み上げ、短期間のうちに大変革を可能とさせるうえで一定の役割を果たしたことは疑いない。

しかし、あくまでも公武合体、大政委任という江戸時代の政治の枠組みに固執したため、その枠組みを破壊して王政復古、近代国家をめざすとうとうたる流れが強まるや、その存在は障害物に転化してしまった。その死があまりにも突然であったこともあり、毒殺説が囁かれた。その死後に、王政復古、倒幕、明治国家へと急ピッチに歴史は進んだ。天皇は、その死により近代国家への変革を早めたともいえよう。

なお、孝明天皇の伝記的研究としては、福地重孝氏『孝明天皇』(秋田書店、一九七四年)があり、また、孝明天皇を軸に幕末政治史を描こうとした、依田憙家氏「近代天皇制成立の前提――孝明天皇についての試論」(『社会科学討究』第二十九巻第一号、一九八三年)があるが、なにより孝明天皇の伝記でありかつ編年体史料集でもある『孝明天皇紀』(平安神宮、一九六七~六九年)全五冊がある。以下の叙述は、この『孝明天皇紀』に収録された史料に多くを依拠している。

慌ただしい践祚

孝明天皇画像（泉涌寺所蔵）

孝明天皇は、天保二（一八三一）年六月十四日に、仁孝《にんこう》天皇の第四皇子として生まれた。生母は、正親町雅子《おおぎまちなおこ》（後の新待賢門院）である。同月二十日には、煕宮《ひろのみや》と称し、九月には、立親王宣下があり、名を統仁《おさひと》と称した。天保十一年三月に、立太子の礼があり、正式に皇太子となり次期の天皇としての地位が確定した。同十五年（この年十二月に改元があり弘化元年となる）三月に鉄漿《かね》始があり、統仁皇太子はお歯黒をつけ始め、ついで同月に十四歳で元服した。そして、父仁孝天皇の死去にともない、弘化三（一八四六）年二月十三日、践祚して統仁天皇となった。時に十六歳、元服は済んでいるもののまだ少年ともいうべき天皇の誕生であった（叙述の出典は多く『孝明天皇紀』に拠る。以下必要に応じて『孝明』と略記し、刊本の冊数と頁数を示す）。

孝明天皇（光格天皇の場合と同様、「孝明」は天皇没後におくられた諡号であるが、生前の叙述は孝明で統一）の践祚は、祖父の光格天皇のそれに似て慌ただしいものであった。というのは、父仁孝天皇の死があまりに突然やってきたからである。仁孝天皇は、「体格肥大」といわれるほど立派な体格の持ち主で、健康はますます壮健という状態にあったという。この年正月十二日以後すこし風邪気味だったが、二十四日からは天皇の痰が出て熱も出たようである。重病とは思われなかったようであるが、二十五日には熱が高くなり、翌日の寅刻というから午前四時前後に、這うようにして便所へ向かう途中、痰を詰まらせて死去してしまった（以上は、東久世通禧《ひがしくぜみちとみ》『竹亭回顧録　維新前後』〈博文館、一九一一年〉による）。行年四十七歳。まことにあっけない死であった。

あまりの急死であったため、統仁皇太子の践祚について幕府との交渉が間にあわず、その死は伏せられ、二月六日になってようやく公表された。またまた天皇位の空白が生まれ、これを嘆き憤る廷臣の声が聞こえた。そして、二月十三日に統仁皇太子の践祚となったのである。

体格は非常なもの

天皇の体格については、天皇の肖像画をみてもわからない。東久世通禧の回顧によれば、仁孝天皇は立派な体格で、かつかなり肥満していたようである。亡くなった時、便所へゆくのに女官が体を支えようとしたが、重くてできなかったというほどである（だから這っていったのである）。亡くなった年の秋に絵師の豊岡治資《とよおかはるすけ》に描かせた肖像画をみても、その体格はわからない。その父である光格天皇の肖像画は、やはり亡くなってから少したって同じ豊岡治資が描いたものであるからか、顔かたちは似ている。もちろん晩年の姿であるが、全体にふっくらと肥満した体型にみえる。体格のよい方であったかもしれない。

孝明天皇は、さきの東久世が「体格も非常なもの」というほど立派な体格で、壮健かつ活発な方であったと回想している。孝明天皇の肖像画をみると、体格はやはりわからないが、祖父や父と異なり、顔だちは細おもて、目がつりあがり気味で、全体に穏和というよりきびしい性格をうかがわせている。つりあがり気味の目などは、光格天皇の父、孝明天皇の曾祖父にあたる閑院宮典仁親王に似ている。なお、肖像画の典仁親王は、江戸時代の天皇、親王、公家にしては異例に髭をたくわえて描かれている。

孝明天皇は、閑院宮家の血を濃く受け継いだ顔かたちや体型的特徴を備え、立派な体格で健康に恵まれ、ほっそりした顔かたちにつりあがった鋭い眼の持ち主で、そのけわしい生涯にふさわしい容貌といえよう。

学習所を開講

践祚したのが十六歳であったこともあるが、エポックとなる安政五（一八五八）年までは、孝明天皇の肉声はほとんど聞こえてこない。

践祚の翌年の九月二十三日に、即位の礼をおこない、嘉永元（一八四八）年三月に眉払《まゆはらい》の儀をおこない、眉を剃っている。お歯黒をし、眉を剃って眉墨を引いた孝明天皇のできあがりである。そして同年十一月二十一日に大嘗祭を挙行し、天皇代替わりの一連の儀式と、成人までの通過儀礼を終えている。

この間に、祖父光格天皇の発意で始まり、父仁孝天皇が力を尽くした学習所が完成し、その開講式が、弘化四年三月におこなわれた。原則として四十歳以下十五歳以上の堂上《どうじょう》公家を対象に、「忠孝の道」を教諭する教育機関として設けられ、四書五経などを中心に講義がおこなわれることになった。幕府の学問所、大名の藩校よりかなり遅れたが、公家の教育機関としての学習所ができあがったのである。そして、学問所や藩校と同様に、孔子をまつる釈《せき》奠《てん》を嘉永三年二月から始め、二月は学習所、八月は御所でおこなうことになった。なお、はじめは儒学中心であったが、次第に和学、すなわち六国史などの学習も始まって行く。

孝明天皇自身の教育としては、光格上皇在世中の父仁孝天皇と同じく、和漢書の輪読が見られる。嘉永二年五月より、毎月巳《み》の日は和御会、辰《たつ》の日は漢御会が催され、近習公家五人（嘉永四年からはその制限はなくなった）が出席した。漢御会では『十八史略』から始まり、和御会では『日本書紀』から始まっている。和御会ではその後、六国史が読みつがれている。輪読の形式は、仁孝天皇の場合と同じである。漢籍だけではなく、六国史の学習が継続しておこなわれていることは、天皇の歴史認識、意識の形成という点で注目しておきたい。

将軍とは対照的な食生活

孝明天皇の一日をざっと紹介しておこう。下橋敬長述の『幕末の宮廷』(平凡社東洋文庫)からであるが、政治的激動を脇に置いた、穏やかな一日の生活の紹介である(五〜一二頁)。

朝めざめると、洗顔をし、隔日か二日おきにお歯黒をつける、お身仕舞《みしまい》という身支度をする。ついで、神仏を拝し、父祖などの眠る泉涌寺《せんにゅうじ》の方向を向いて遥拝《ようはい》する。それがすむと朝食(朝餉《あさげ》)となる。見るだけで食べない「おあさ」という餅が出され、その後に食事となる。

朝食が終わるとしばらく休息したのち、手習い、学問、和歌をし、それから昼食となる。昼食はかなり豪華なものだったようである。料理を盛った皿の数がたくさんあり、毎日目の下一尺(目から尾までが約三十センチ)の鯛の塩焼きが出されたという。昼食が終わり、しばし休息の後、また学問、手習い、和歌だそうで、下橋は「ずいぶんお忙しい」と語っている。

午後六時か七時ころから夕食となる。酒(御所の言葉で「オッコン」という)を召しあがるのだが、孝明天皇は酒がかなり好きで、なんと十時ころまで飲んでいたという。毎日そうだとは語っていないが、毎日のようだという話しぶりである。それで寝るのが十二時ころになるという。

昼食の鯛、毎日のような酒宴は、第一章で指摘しておいたように、「貧乏で天子様の上がる物がないというようなもの」ではなく、「決して御不自由のことは」ないことを裏書きしている。将軍の食生活がわりと質素なのと対照的ですらある。

2 天皇と対外的危機

異国船情報を入手

この間に、対外的危機は深刻化した。隣国清国とイギリスの戦争であるアヘン戦争における清国の敗戦、そして開国の強要。それ以降、毎年のようにイギリス、アメリカ、フランスの軍艦がわが国の港に入港し、貿易要求や測量をおこなっている。また、天保十五年には、オランダ国王から、清国のアヘン戦争の二の舞を回避するため開国してはどうかと勧告する親書が届けられるなど、深刻な事態に直面していた。

これらの情報は、天保十三年七月の漂流異国船に食料や燃料を給与するという天保薪水給与令《てんぽうしんすいきゅうよれい》や、異国船に紛らわしい帆の禁止令などの触書以外、幕府から朝廷に正式に報告するということはなかったので、幕府ルートからは入ってこなかったが、公家たちは縁戚関係のある大名などを通して入手した。

たとえば、先のオランダ国王親書などについて、当時正四位下右近衛権少将であった中院通富《なかのいんみちとみ》は、日記『中院通富日記』(東京大学史料編纂所所蔵)の天保十五年七月十日の条に、

「阿蘭陀国王より政事の儀につき、日本に渡来の趣示長崎に至る、これに依り肥前少将出張のよし告げ来るなり、甚だ奇怪の事なり」と記している。肥前の少将とは、佐賀藩主鍋島斉正《なべしまなりまさ》のことで、斉正の叔母にあたる女性が中院通繋《なかのいんみちつぐ》に嫁いでいる。そのような姻戚関係から か、オランダ国王親書問題がおこったため、長崎警備を命じられている佐賀藩主として出張する、と連絡してきたというのである。このようにオランダ国王親書の件は、佐賀鍋島家から中院家に伝えられ、これは公家の間に噂として広まったであろう。

異国船の来日状況

そのころの外国船の来日状況を、年表にまとめておこう。

一八四四（天保十五）年　三月　フランス軍艦琉球に来航し、通商を要求。
　　　　　　　　　　　　七月　オランダ国王親書。
一八四五（弘化二）年　三月　アメリカ捕鯨船浦賀に来航し、漂流民を送還。
　　　　　　　　　　　五月　イギリス軍艦琉球に来航し、通商を要求。
　　　　　　　　　　　七月　イギリス測量艦長崎に来航し、測量を要求。
一八四六（弘化三）年　四月　イギリス・フランス軍艦琉球に来航。
　　　　　　　　　　　閏五月　アメリカ東インド艦隊司令長官ビッドルが浦賀に来航

し、通商を要求。

六月　フランスインドシナ艦隊司令長官セシュ長崎に来航。

六月　デンマーク船相模鶴ケ岡沖に来航。

一八四八（嘉永一）年　八月　イギリス軍艦琉球に来航。

五月　アメリカ捕鯨船西蝦夷地に来航。

七月　フランス軍艦琉球に来航。

一八四九（嘉永二）年　三月　アメリカ軍艦プレブル号長崎に来航。

閏四月　イギリス軍艦マリナー号浦賀、下田に来航。

十一月　イギリス軍艦琉球に来航。

それ以前とは比べものにならない頻度で外国船が来日している。危機の切迫は誰の目にも明らかだった。

海防勅書を出す

対外的危機がいよいよ本格化したなと、誰しもが思う年表である。このような情報は中院家のようなルートで公家に、そして朝廷に伝えられていた。とくに、前水戸藩主徳川斉昭《なりあき》からは、斉昭の実姉が関白鷹司政通《たかつかさまさみち》の妻という関係から、鷹司家へはかなりの質量の情報が伝えられていた。おそらくはその働きかけもあって、弘化三年八月二十九日、朝廷は幕府に対して突如として勅書をくだし、海防の強化を命じた。「孝明天皇勅書」とか「沙汰書」とか呼ばれるものである（『孝明』一—二五五頁）。

その勅書には、近年異国船がときどき渡来するという噂を内々に耳にしている、しかし幕府は厳重な海防態勢をとっているとかねがね聞いているので安心はしているが、異国船渡来の情報があまりに頻繁なので心配である、幕府は異国を侮らず畏れず海防をいっそう強化し、「神州の瑕瑾《かきん》」（日本国のきず・恥）とならないように処置し、天皇を安心させるようにせよ、という趣旨のことが記されていた。

朝廷は、この「海防勅書」を出すと同時に、最近の対外情勢の報告を幕府に要求している。武家伝奏は、その要求を京都所司代に伝えるさい、「異国船の儀、文化度の振り合いもこれ有り候につき、差し支えこれ無き事柄は、近来の模様あらあら申し進め候様には相成りまじき哉」と述べた。すなわち、対外情勢の報告を幕府に要求できる根拠を、「文化度の振り合い」、つまりすでに指摘しておいたように、文化四（一八〇七）年に、幕府が蝦夷地におけるロシアとの軍事的紛争を朝廷に報告した、という先例に求めている。

この勅書と報告要求を受け取った幕府は、十月三日に、「文化度の振り合い」にもとづいて、老中の指図を受けた京都所司代から、弘化三年の異国船の来航状況だけを書付《かきつけ》にして提出している。朝廷の行為は、「文化度の振り合い」を根拠に幕府によっても正当化され、「異例」「不法」などと問題にされることはなかった。

対外政策に介入できる道をひらく

朝廷は幕府に対して対外情勢の報告を要求できる、幕府は朝廷に報告する義務があるという慣行は、文化四年を先例とし、弘化三年に確認され、こののちは頻繁に幕府は朝廷に報告するようになる。たしかに、広い意味で対外関係に朝廷がコミットする、という道が文化四年に切り開かれたが、たんに報告を受けるだけではなく、海防を強化せよという指図まで与えたのは、朝廷と幕府の関係にとってやはり大きな飛躍である。

なぜなら、「神州の瑕瑾」にならないように措置せよと幕府に命じたのであるから、朝廷が、「神州の瑕瑾」となるような措置を幕府が講じようとしていると判断するならば、もちろんその時その時の情勢、朝幕間の力関係にもよるが、朝廷は幕府の処置に対して介入できるからである。文化四年に、幕府はみずから朝廷が対外政策になんらかのコミットをなしうる根拠を「提供」し、弘化三年に、朝廷はそれを活用して幕府に対し海防強化の勅書を出し、幕府もそれを受け入れたことにより、朝廷は幕府の対外政策に介入できる道を切り開いたのである。

海防勅書と情勢報告を要求した朝廷の態度は、天明七年に、窮民救済の申し入れをおこなったときのあのおずおずとした態度からは想像もつかない、まさに隔世の感がある。歴史は明らかに動いていた。

あえて臨時祭を挙行

異国船来航状況を幕府から聞いた天皇・朝廷にできることは、国家と国土の安穏を神々に祈ることである。宗教的権威であることを本質の一つとしている天皇は、その面での機能を発揮する。弘化四年は、石清水八幡宮の臨時祭の年（三月挙行予定）にあたっていた。すでに述べたように、文化十（一八一三）年以来、石清水八幡宮の臨時祭と賀茂社の臨時祭は隔年におこなうことになっていた。ところが、弘化四年三月では孝明天皇はまだ即位式——即位式は弘化四年九月に挙行——を済ましていない。天皇が即位式を済ましていない場合、石清水八幡宮の臨時祭をおこなった例もあるが、おこなわない例が多いという。

今回朝廷は、あえて臨時祭を挙行すべく幕府と交渉している。弘化四年になって早々の正月二日に、関白鷹司政通は武家伝奏を呼んで、所司代と交渉するよう命じているが、あえて臨時祭を挙行する理由は、臨時祭は「元来彼社臨時祭は、乱逆取り鎮めの祭」という性格だから、頻繁に異国船が来航するという昨今の情勢を考えれば、今春挙行したほうが幕府も安心ではないのか、というところにあった（『徳大寺実堅《さねみ》公武御用日記』東京大学史料編纂所所蔵）。すでに、臨時祭再興のところで説明した通り、平将門の乱平定のお礼として始まったもので、「乱逆治平」を祈る祭である。異国船来航に「乱逆」、国家の危機を感じとった朝廷が、「鎮護」「治平」を祈るために臨時祭を挙行しようとしたのである。

武家伝奏は、早くも正月三日に所司代に申し入れをし、所司代は江戸に伺いを立て、必要な経費について問題なし、時期も朝廷次第という回答をえている。そこで朝廷は、四月二十五日に、石清水臨時祭を挙行した。野宮定祥《ののみやさだなが》を勅使として派遣し、神前に宣命《せんみょう》を読みあげた。天皇の命令を記した宣命には、辞別――「ことわく」といい、特別に神に申すこと――がつけ加えられ、異国船の撃退を祈っている。その文句を紹介しておこう。

宸襟穏やかならず

近くは相模国御浦《みうら》郡浦賀の沖に夷の船の著《つき》ぬれば、その来由を尋るに、交易を乞うとなむ申す、それ交易は、昔より信を通ぜざる国に濫《みだり》に許したまうことは、国体にも拘りぬれば、たやすく許すべきことにもあらず、許したまわず衣糧を支給し、船舶は飛帆して却《しりぞ》き還《かえ》りぬ、また肥前国にも来着なとなむ聞こし食《め》す、利を貪るの商旅が隙《すき》を伺うの姦賊が情実の知りがたきを如何にやは為《せ》むと、寤《さめ》ても寐《ね》ても忘れたまう時なし、掛《か》けまくも畏《かし》こき大菩薩、この状を平く安く聞こし食《め》して、再び来るとも飛《ひ》簾《れん》風を起こし、陽候浪を揚げて速やかに吹き放ち、追い退《の》け攘《はら》い給い除け給い、四海異なく、天下静謐《せいひつ》に、宝祚《ほうそ》長く久しく、黎民《れいみん》快楽に護り幸い給い、恤《あわ》れみ助け給うべし、恐れみ恐れみも申し給わくと申す、

（『孝明』一―三七〇頁）

原文は宣命体といわれる文体で、「浦賀乃沖尓夷乃船乃著奴礼波其来由乎尋留尓交易乎乞止奈牟」といった調子である。これを神主さんのように、独特の抑揚で読みあげたのだろう。祖法としての「鎖国」が国体だが、異国はどのような計略で迫ってくるかわからず、心配のため寝ても覚めても一時も忘れられない、そこで異国船がやってきたら風波をおこして撃退し、国家と国土が太平で、天皇と人民が安穏に暮らせるよう護ってくれ、という趣旨である。まさに神頼みそのものだ。

また先の年表をご覧いただきたい。嘉永二年という年も、かなり頻繁に外国船がわが国に渡来している。このような状況を背景にして幕府は、異国船打ち払い令の復活を予告しつつ、海防の強化を諸大名に命じ、かつ武士身分以外の民衆にまで応分の協力を求める触書を出した。この触書は朝廷にも廻された。

このため朝廷は、嘉永三年四月八日に、宸襟《しんきん》穏やかならずということで、「万民安楽、宝《ほう》祚《そ》長久御祈り」を、七社七寺に命じた。ちなみに七社とは、伊勢、石清水、賀茂、松尾、平野、稲荷、春日の各社のことであり、七寺とは、仁和寺《にんなじ》、東大寺、興福寺、延暦寺、園城寺《おんじょうじ》(三井寺)、東寺、広隆寺の各寺である。風雨の祈禱や五穀豊穣の祈願などでしばしばおこなわれる、伝統的なものである。そして、対外的危機が深刻化するとともに、「夷狄調伏《いてきちょうぶく》」「異国撃攘《げきじょう》」の祈禱の回数が増え、祈禱を命じる寺社の数も増加してゆく。

神に祈るとともに、ふたたび幕府に対して、異国船の来航が頻繁であり、もしも日本の土地に異国人が一人でも上陸し、住居しているなどということがあっては、後に大きな災いとなるので心配だとして、「天下泰平、神州の瑕瑾これ無く、庶民安堵」となるよう幕府はしっかり対策を講じるようにと、嘉永三年十一月の老中松平乗全《のりやす》上京の機会をとらえて申し入れている（『孝明』一―九〇七頁）。今回は「海防勅書」ではなかったが、再度「神州の瑕瑾これ無く」と申し入れた。

このように異国撃攘を神に祈るとともに、「神州の瑕瑾」なきよう海防を厳重にせよと、「勅書」で、また口頭で幕府に命じた。対外的危機の深刻化とともに、対外問題に朝廷がコミットし始めた段階で、いよいよペリーが来日し、国内外情勢は一挙に激動の時を迎えた。

3　ペリー来日と朝廷

来日予告情報は水戸藩主から

アメリカ東インド艦隊司令長官ペリーが浦賀に来航したのは、嘉永六年六月三日（西暦では、一八五三年七月八日にあたる）のことであった。ペリーは、まったく突如として姿を現したわけではない。前年の嘉永五年六月十日に、オランダ商館長ドンケル・クルチウスから、「別段風説書」と称された秘密報告書が幕府に提出され、ペリー艦隊が来日し、開国要求を突きつける、と報じられていた。また、それより早く嘉永三年ころから、アメリカ（史料には「共和政治」などと表現されている）がわが国に通商条約締結を迫る動きは、幕府に伝えられていた。

幕府はこのペリー来日予告の情報に接するや、海防掛《かいぼうがかり》や長崎奉行をはじめとする関係役人に扱いを諮問《しもん》するとともに、長崎港の警備を担当していた佐賀藩と福岡藩、琉球との関係で薩摩藩、江戸湾の警備を命じていた会津、彦根、川越、忍《おし》の四藩、さらに浦賀奉行にこの情報を公開した。長崎での噂や上記の藩などを通して、その情報はさらに広く伝えられていた（青木美智男氏「ペリー来航予告をめぐる幕府の対応について」『日本福祉大学経済論集』第二号、一九九一年）。

浦賀に来航したペリー

朝廷には、幕府からの報告はなかった。だが、沼倉延幸氏「関白鷹司政通とペリー来航予告情報」（『青山史学』第十三号、一九九二年）は、御三家の一つ前水戸藩主徳川斉昭から、関白鷹司政通に情報が伝えられていたことを紹介している。「密報書」（宮内庁書陵部所蔵鷹司家本）という史料名にふさわしく、差出者、あて名、年月日も記されていないが、疑いなく徳川斉昭の自筆書状と断定され、ペリー来日予告情報とともに、事態が切迫しているのにきちんと対応しようとしない幕府の内情が記されている。

すでに紹介しておいたような鷹司政通と徳川斉昭の関係から、それ以前にもさまざまな情報が寄せられていた。政通が、斉昭からの情報をどのように扱ったかはよくわからない。政通以外の公家が、この来日予告情報の存在をまったく知らなかったとも考えにくい。いずれにしても、朝廷もペリー来日の情報は知っていたことが確認された。

神仏に祈る

ペリー来日と幕府・朝廷の動きを年表にしておくと、つぎのようになる。

六月三日　ペリー浦賀に来航。
　九日　ペリー久里浜に上陸し、大統領親書（米国国書）を手交する。
十二日　ペリー明春の来日を約束し、浦賀を去る。
十五日　幕府、ペリー来日を朝廷に報告。朝廷、七社七寺に祈禱を命じる。
二十二日　将軍徳川家慶《いえよし》死去。
七月一日　幕府、諸大名に米国国書を示し、返書について意見を求める。
十二日　幕府、朝廷に米国国書を提出。

十八日　ロシア提督プチャーチン長崎に来航。国書を手交し条約締結を要求。
八月十五日　朝廷、石清水放生会に、国家安穏を祈る。
十七日　幕府、朝廷にプチャーチン来日を報告し、国書を提出。
九月十一日　朝廷、伊勢神宮に国家安穏を祈る。
十一月一日　幕府、米国国書に明確に返答せず退去させる、という方針を公表。
二十三日　朝廷、熱田神宮ほか畿内以外の十社に国家安穏の祈禱を命じる。
二十七日　朝廷、勅使を派遣し、幕府に天皇の不安の状を伝達。幕府これに回答。
十二月三日　朝廷、伊勢神宮ほか畿内十九社に国家安穏を祈る。
二十八日　朝廷、対外情勢を廷臣に告げる。
この月　朝廷、畝傍《うねび》山陵（神武天皇陵と伝える）の修理を幕府に要求。

幕府は、ペリーの来日、米国国書、ロシアのプチャーチンの来日と国書をあいついで朝廷に報告している。朝廷がこれに応えておこなったのは、やはり神仏に祈ることだった。まず、未曾有の対外的危機が「御国体に拘」らないようにと、七社七寺に祈らせ、ついで石清水放生会でもとくに国家安穏を祈らせ、伊勢神宮への例幣使《れいへいし》にも四海静謐《せいひつ》の祈りを命じた。とにかく、まず祈ることである。

老中からの書付

あたりまえのことだが、神に祈ってもそれで安心できるわけではない。米国国書への回答をなかなか決定しない幕府に不安を抱いたのであろうか、幕府に申し入れをおこなっている。幕府は、諸大名らに米国国書への回答について意見の提出を求め、それを参考にして決定し、それを朝廷に報告する段取りになっていた。だが、なかなか報告がなかったので業をにやしたのか、関白鷹司政通は武家伝奏三条実万《さねつむ》を呼び、十二代将軍徳川家慶が亡くなり、跡を継いだ十三代将軍徳川家定《いえさだ》の将軍宣下《せんげ》のため、勅使や武家伝奏が江戸へゆく機会をとらえて、幕府に申し入れるよう命じた。

政通は実万に、幕府はなかなか決定できず、人心が沸きたっているようなので、この機会に朝廷から何らか申し入れたほうがよいのではと尋ね、実万がそうすべきだと思いますと答えると、政通は、朝廷からは通商を許可すべきだとか、打ちはらうべきだとか言うのではなく、人心が動揺することのないよう措置すべきだとだけ申し入れようと思う、と述べた（『孝明』二―一五五頁）。

関白の意をうけた実万は、十一月七日に所司代脇坂安宅《わきさかやすおり》に会い、米国国書への回答は神州の一大事であり、人心動揺により国内が混乱し、国体を辱めることのないように、という叡《えい》慮《りょ》を伝えた。すると所司代脇坂は、今日ちょうど話そうと思っていたところだと言って、江戸の老中からの書付を見せた。そこには、米国国書への幕府の回答方針が記されていた。方針といっても、諸大名の意見は多様だが詰まるところは「和戦の二字」だと要約し、国防態勢ができていない現状なので、アメリカの要求である開国への諾否は明確にさせず、ただ穏便に対応する、しかし、アメリカ側が要求貫徹のため戦争に訴えてくるならば、国体を汚さぬよう上下一同力をあわせ戦う、というとても通用しそうもない代物であった（『孝明』二―一五六頁）。

阿部正弘

天皇の意向にそって対処する

将軍宣下のため江戸におもむいた三条実万は、江戸城で阿部《あべ》正弘《まさひろ》以下の老中と面談し、関白から命じられた趣旨を書付にして渡した。そこで、神州の一大事であるから、力を合わせて「国辱後禍《こくじょくこうか》」のなきようにという叡慮を伝えている。

これに対して阿部らは、次のように答えた。米国国書に対する回答は、穏便に扱うことを基本とし、アメリカ側が武力に訴えたならば力を合わせて対処する方針だと説明し、幕府も叡慮を安んじることを重視してこの問題に取り組んでいる、と話したのち、たいへん重要なことを述べている。

叡慮に、かよう遊ばれたくと申す思し召しもあらさせられ候わば、御遠慮なく仰せ出され候よう、左《さ》候わば、またその思し召しにて御取り計らいも仕るべく儀と申すこと再応申し述べらる、もし直の御沙汰も如何《いかが》にもあらせられ候わば、両人（武家伝奏）より申し越し候ようにと、ずいぶん懇切に申さるなり、（『孝明』二―一五八頁）

老中阿部は、孝明天皇にこうしたいというお考えがおありならば、遠慮なく幕府の方へおっしゃって下さい、そうすれば幕府はその御意向にそって措置も致します、という趣旨のことを二度も述べたという。さらに、直接に指図するのもどうかという場合は、武家伝奏を通しておっしゃって下さいと、かなり丁寧に話したという。

極端に解釈すれば、幕府は天皇の意向にそって諸問題に対処します、ということになる。「天皇→幕府」という命令系統ができあがる可能性のある発言である。朝廷内部の事柄に限定されているわけではないので、この阿部発言はその真意はともかく、朝幕関係にとって重要な画期となりうる重大な内容を含んでいる。

朝廷内部に意見対立の兆しが

幕府は、アメリカに諾否の回答を明確にしないという、曖昧な対応しか決定できなかった。それは、幕府内部、大名その他のいわば世論の不一致による。そもそも、米国国書を受け取ったこと自体に、「日本国の御恥辱、徳川家の御武威の衰廃」(『大日本維新史料　井伊家史料三』一六九頁、東京大学史料編纂所、嘉永六年八月某上書。以下、『井伊家』と略記する)というきびしい非難があったほどである。世論がどうあれ幕府の判断で決定できる、という時代はとうに過ぎていた。だから前例のない大名たちへの諮問《しもん》をおこない、朝廷にも報告し、天皇に何かお考えがあったらおっしゃってくれなどと発言したのである。世論の合意形成をはかっているわけだが、なかなか意見の一致をみなかった。

このころ朝廷の内部に、対外政策に関して意見の対立する兆しが現れた。米国国書への回答をめぐってである。米国国書を幕府から届けられた朝廷は、後に比べればほんのわずかであるが議論している。

当時の朝廷では、関白鷹司政通が実力者で、その意見がもっとも重きをなしていた。その鷹司の見解は、はっきりとした開国論であった。米国国書の文面は、穏当かつ仁愛に満ちている、「近代」は他国との通商を禁じているが、「往古《おうこ》」は諸外国と交渉をもっていたではないか、だから貿易を始めるのになんの問題もない、交易港は長崎に限定すればよい、怠惰《たいだ》で臆病な武士の現状では、とても外国にかなわない、だから戦争するより貿易をして利益を得たほうが上策だ、という見解だったと武家伝奏三条実万は書きとめている(『孝明』二―一二四〜一二五頁）。開国貿易論である。

鎖国堅持、攘夷主義の徳川斉昭と親しい間柄にあった鷹司が、明確な開国論を吐くのは意外の感がある。鷹司政通のところに集められた対外情勢に関する多量の史料・書籍からすると（前掲の沼倉延幸氏論文）、対外情勢、国内情勢に関する一定の理解に基づいた判断だったろう。

関白が朝廷内の議論をリード

鷹司は、この問題は幕府が指揮することではあるが、朝廷でも意見を一致させておくほうがよい、しかし議論は武家伝奏と議奏のレベルでおこない、それ以外の公卿たちまで広げる必要はないという意見であった。大政委任論の枠組みを前提に、〈関白―議奏・武家伝奏〉という江戸時代朝廷の政務機構で処理しようということである。鷹司政通の方針に武家伝奏の三条実万は陰ながら強く反発した。実万の意見は具体的には記されていないので、よくわからないが、鷹司政通の意見には「いちいち不甘心《かんしん》」、つまりすべて納得できないという。「執政の臣（関白）として異類の虚偽に沈溺《ちんでき》せらる、嘆くべし悲しむべし」と政通をきびしく非難している（『孝明』二―一二五頁）。

鷹司も自己の開国論を朝廷の意思とし幕府に伝えるなどということはせず、朝廷が具体的におこなったのは、「当時関東へ御任《まか》せの儀、左右《そう》はあらさせられず候えども」と、大政委任であるからあれこれとは申しませんが、天皇が心配しているので、アメリカへの回答が決まったら報告するようにという申し入れだけだった。その報告がなかなか来ないので、すでに述べたように、江戸へ行く勅使に質問させたのである。

関白鷹司政通は、問題を大政委任と〈関白—議奏・武家伝奏〉という既存の枠組みのなかで処理しようとした。しかも、開国論にたって幕府の措置を追認してゆく方針で、安政五（一八五八）年はじめまで、朝廷内の議論をリードしてゆくことになる。だが、大政委任はともかく、朝廷内部の処理のしかたや開国論には批判が出されていた。三条実万が、摂家には意見を聞かないのかとただしたことや、開国論を批判したことなどはそのあらわれである。また、議奏の烏丸光政《からすまるみつまさ》が夜中に三条の屋敷へきて内談し、三条の意見に賛成したり、「国忠を存ずるの人」大納言久我建通《こがたけみち》が、対外問題に居ても立ってもいられず三条の屋敷を訪れ、大いに議論して帰ったのもそれである（『孝明』二—一二四頁）。

朝廷内でも、公家の間で対外問題の意見が対立し、朝廷の意志決定方式への不満が生まれ、議論が大衆化する様相を見せ始めた。これが一挙に噴きだすのが、安政四年の末から五年にかけての通商条約勅許をめぐってである。この議論の大衆化という点では、嘉永六年十二月二十八日に、公卿をはじめとして六位の蔵人《くろうど》や官務《かんむ》・大外記《だいげき》・出納《しゅつのう》らの朝廷諸役人に至るまでを対象として、アメリカの開国要求と幕府の対応策を中心に、対外情勢を説明したことが特筆される（『孝明』二—一六四頁）。その理由は、安政五年三月の公家・廷臣たちの集団的示威行動の伏線として注目できるからである。

日米和親条約の締結を事後承認

前年の約束通り、ペリーは再来日し、三月三日に日米和親条約（神奈川条約）の調印にこぎつけ、さらに五月二十五日、下田で和親条約の付録（下田条約）に調印した。これによりわが国は開国し、下田・箱館二港を開港した。その後、八月二十三日に、イギリス東インド艦隊司令長官スターリングと、長崎で日英和親条約に調印、十二月二十一日に、ロシア使節プチャーチンと、下田で日露和親条約に調印と、あいついで和親条約を締結した。アメリカとの和親条約調印を、幕府は四月二十九日に朝廷に報告した。報告内容は、国防態勢不備のため、やむなく寛大な措置を講じたこと、その措置とは、漂流民の救助、来航米国船への燃料や食料の給与、そのために下田と箱館を開港するというものである。

これに対して朝廷は、国防態勢不備では和親条約調印もやむを得ないと同意したが、このまま推移すると国家は疲弊し、将来不安だという天皇の憂慮を伝え、さらに、弘化三年の沙汰書で命じたように、将軍は「神州の瑕瑾」なきよう指揮せよと指示した。

のちの日米通商条約の時とは異なり、事後承認、事後勅許の形式であるが、朝廷は幕府の措置を承認した。この承認にあたって、朝廷内でどのような議論があったのかよくわからない。議奏の東坊城聡長《ひがしぼうじょうときなが》は、日記に、幕府の措置に対して諸国の武家が納得していないという風聞を記したのち、自身も納得できないと書いている。その理由は、アメリカの言いなりに条約に調印したのは「神国を汚す」ことだといい、さらに、「神明に対し何顔これ有る」、つまり神に対して顔向けできないと嘆き、「皇国の汚辱これに過ぎず」「徳川家の政事ここに極まる」とまで非難している（『孝明』二―二四二頁）。おそらく、関白鷹司政通の主張で幕府の措置を承認することが決まったのだろうが、朝廷内には不満、批判がくすぶっていた。

京都警備への不安

嘉永七年になっても天皇のやることは、やはり神仏に祈ることだった。二月九日には、伊勢神宮に「夷類退帆降伏・国家安全」の祈りを七日間おこなうこと、同二十二日に、伊勢神宮以下畿内の二十二社と伊雑《いざわ》宮以下畿外の十一社に、「神州を汚さず、人民を損なわず、国体安穏・天下泰平」の祈禱を命じ、これを五月と九月にもおこなった。さらに、四月の日光東照宮例幣使にも外患祈禳《きじょう》をさせ、十一月二十日の賀茂社臨時祭にも、石清水八幡宮臨時祭同様に、祝詞《のりと》の辞別《ことわく》で外患祈禳をおこなった。神々の動員である。

神に祈っても現実が好転するわけではなかった。朝廷が当時もっとも恐れたのは、外国艦船が京都の近くに渡来することだった。そこで、嘉永七年二月十三日に、所司代に対して、万が一京都近くの海岸に外国艦船が不意に渡来したら不安なので、それに対する防備はどうなっているのかとただした。所司代側は、京都警衛についての朝廷の意向を聞いてきた。関白鷹司政通は、尾張か彦根のような大名が総督となり、譜代の武士による京都警衛が望ましい、外様大名のなかに希望する者がいるが、いずれ征夷大将軍に任じられることを願う恐れがあるのでよろしくない、という趣旨を答えている（『孝明』二―一八一〜一八二頁）。

また、大坂湾、または若狭湾《わかさわん》に渡来するようなことがあれば、天皇は御所を出てどこかの城に避難することも考えておかねばならないという相談を、関白・議奏の間でおこなっている。議奏の東坊城聡長は、天皇を守護できない武家を批判するとともに、「行幸」ではなく「避難」することは、名義を汚し、汚辱であると関白に申し入れた。だが関白は、名義を汚そうと皇統を絶やさないことが第一だと答えている。皇統の維持に腐心するほどに、彼らの危機感は深かった（『孝明』二―一八二頁）。

ロシア軍艦が大坂湾天保山沖に

朝廷の心配が現実となってしまった。嘉永七年九月十八日、ロシア使節プチャーチンの乗る軍艦ディアナ号が、大坂湾安治川《あじがわ》河口の天保山《てんぽうざん》沖に突然姿を現したのである。大騒動となり、幕府は彦根藩を始めとした畿内周辺の諸大名に急遽出動を命じ、朝廷は、平静を保ち、御所の警備を強化するよう廷臣に命じるとともに、急ぎ七社七寺に「醜類速やかに退散」を祈願させた。この事件は、彦根藩、小浜藩など七藩による京都警備態勢への契機となり、その後も誰が京都を警衛するのかをめぐり対立が生まれて行く。

この事件直後、朝廷内は大騒動であった。議奏たちのレベルで、ロシア軍艦の行動次第では、御所を出て避難する準備が始められ、彦根城へ「遷都」する用意をすすめている。もちろんこれらの用意は「実に極秘事」であったが、「遷都」の準備までおこなわれていたのである。また、公家たちの耳にまで入り彼らを不安がらせた噂がある。その噂とは、孝明天皇を彦根城へ移し、仮御所（当時御所は焼失中）を焼き払う陰謀が企てられている、というものである。所司代は驚き、急ぎ御所の警備を強化したほどである（『孝明』二―二七八頁）。

京都警備の不備、すなわち天皇の「安全」の保障がないままに外交関係が進められていくことに、天皇・朝廷は不安と幕府に対する不信を強め、深刻な問題となってゆく。

朝廷が諸国に命令を出す

朝廷は、安政元年十二月二十三日に、対外的危機から国家を救うため、諸国の寺院の梵鐘《ぼんしょう》を「皇国擁護の器」である大砲に鋳かえることを、「五畿内七道諸国司」に命じる太政官符《だいじょうかんぷ》を出した（『孝明』二―三一四頁以下）。戦前にも、寺院の梵鐘が兵器生産のために供出され、「鐘の出征」があった。梵鐘に「出征」命令が出たのは、安政元年が最初である。

律令制国家の時代、中央の諸役所と地方の国司などを統轄した太政官が下す公文書である太政官符が、実体のない江戸時代の太政官から、これまた現実には存在しない諸国の国司あてに下されたのである。律令制国家が復活したのかと思わせる、様式的には整った、しかし現実にはまったくそぐわないアナクロ的な文書が下されたのである。

幕府側の説明によると、前水戸藩主徳川斉昭が、梵鐘の大砲への鋳かえと天皇からの命令という形式を強く主張した結果だという。諸国寺院の本山の鐘と時の鐘を除くすべての梵鐘を供出させ、大砲に鋳かえて国防にあてようという趣旨である。幕府は、徳川斉昭の「激論」におされて朝廷に申し入れたらしく、どれほど本気であったか疑わしい。

それを裏づけるかのように、太政官符を受け取った幕府は、早速に訂正の申し入れをおこなっている。とくに「五畿内七道諸国司」が問題となった。律令制的な支配の仕組みを前提としている太政官符の体裁からすれば当然なのだが、幕藩体制下の江戸時代にあっては、諸国は将軍の下知《げち》に従う仕組みであるという理由で、その部分の削除を申し入れた。朝廷では、太政官符の体裁云々を理由に拒もうとしたが、「喧嘩しても無益」ということでアッサリ幕府の要請を受け入れた。

さらに、人を救う梵鐘を人を殺す武器にかえるのはおかしいとか、梵鐘では大砲の材料にならないという理由で、毀鐘鋳砲《きしょうちゅうほう》は実行されずに終わってしまった。ドタバタしただけで終わりというものだったが、朝廷が諸国に命令を出す、という画期的な出来事であった。

短時日に御所造営が完成

嘉永七年四月六日、京都御所は全焼した。天明八（一七八八）年以来、六十六年ぶりのことである。すでに説明したように、天明八年のときは、幕府はまず仮御所を造り、おいおい簡素な御所を造営するというプランをたてたのに対し、朝廷は平安時代の内裏を一部模した復古的で荘厳な御所造営のプランをたて、結局は朝廷が強硬に押し切ったという経緯があった。なお、天明八年一月に焼けて寛政二年十一月に新御所が完成しているので、約二年十ヵ月かかっている。ところが今回は、嘉永七年四月に焼けて安政二年十一月に新御所が完成しているので、一年七ヵ月と、約半分の時間でできている。

幕府は、四月六日の御所炎上の報をうけ、十五日付けで老中阿部正弘から所司代に指示するという素早さであった。その指示は、海防など大変に忙しいが、御所造営は何を差し置いてもやらなければならない、ついては「速成」できるよう取りはからえというものであった（『孝明』二―二三二頁）。

天皇は幕府の申し入れに「満悦」と感謝の意をあらわしたうえ、いろいろと注文を出したいところではあるが、深刻な対外的危機に直面していることに配慮し、焼失以前と同じもので構わないと申し入れている。天明の時と異なり、幕府は進んで朝廷の要望を受けいれようとし、朝廷は逆に情勢を配慮して幕府への要望を抑制している。このため話はスンナリとまとまり、それが短時日での造営完成に結果した。この御所造営に関する朝幕間のやり取りは、天明と安政の時代差、朝幕の政治的位置関係の変化を、何よりも雄弁に語ってくれる。

なお、御所の造営費は五十万両で、うち加賀《かが》藩《はん》前田家が十五万両を献じ、幕府が十万五千両負担し、従来ならば五万石以上の大名に御築地金《ついじ》という名目で負担させたが、今回は海防等の出費が大きいという理由でそれを止め、高松藩松平家、阿波藩《あわはん》蜂須賀家《はちすかけ》、彦根藩井伊家など十四大名に総額二十五万両を負担させた。

4　日米通商条約勅許問題——幕末維新史の転換点

ハリス出府をめぐって

安政三（一八五六）年七月、アメリカ駐日総領事ハリスは下田に着任し、九月には、早くも通商条約交渉の開始を提起した。安政四年に入ると、日米通商条約締結、調印問題が浮上し、いよいよ政局は激動し、歴史の転換点を迎えた。なお条約勅許、将軍継嗣問題の事実経過については、石井孝氏『日本開国史』（吉川弘文館、一九七二年）による。

その序曲は、ハリスの江戸出府《しゆつぷ》問題であった。ハリスは、江戸におもむいて将軍に謁し、大統領親書を提出することと通商条約交渉をおこなうことを要求した。幕府は、「世界の形勢変革」を理由に、ハリスの出府を許可し、さらに通商条約交渉をおこない、その年の末に交渉は妥結した。幕府は、欧米諸国の圧力に屈し、通商条約の締結、地球的規模の資本主義的市場経済に編入される道を進んだ。

この幕府の路線は、表現しようもないほどの軋轢《あつれき》を生み出した。ハリスの出府要求受諾を

アメリカ総領事ハリスの一行（九條道弘氏所蔵）

伝えられた溜間詰《たまりのまづめ》（有力譜代大名が江戸城内で詰める部屋）大名は、心配のあまり老中に質問書を差しだした。質問事項は、国持ち大名（有力外様大名）たちは納得しているのか、朝廷へは伝えたのか、事後報告では朝廷からとがめられないかなどで、溜間詰大名たちの心配は、有力外様大名と朝廷の納得が得られるのかというところにあった。

徳川斉昭の影響力

この時点の老中たちは、有力外様大名については、「いかようにも申しなだめ候見込み」であり、朝廷へは近日中に報告する、事後報告でも、「すべての事江戸へ御任せ」なので問題はないのだと回答している。大名は説得できる、朝廷は大政委任だから大丈夫だと、楽観的な見通しだった。

だが、通商条約締結の方向に進む幕府の動向をきびしく非難し、それを朝廷に報じ、朝廷に強い影響力をもっ

徳川斉昭

た人物がいた。それは前水戸藩主徳川斉昭である。安政四年七月ころ、関白九条尚忠《くじょうひさただ》に意見書(『井伊家』五―二六一頁以下)を送り、そのなかで、欧米の野心は日本の侵略にあり、通商条約はその手段なので、幕府が通商条約を締結すれば国家の滅亡につながる、朝廷がこの危機を打開するよう幕府に命じること、また、事態を傍観することなく通商条約締結は朝廷の意志にあらずと宣言すること、などを求めている。朝廷は、通商条約反対の立場を鮮明にし、諸大名や有志の奮起を促すべきだ、という主張であった。

なお、彦根藩士で井伊直弼《いいなおすけ》の懐刀《ふところがたな》長野義言《ながのよしとき》(主膳)は、関白九条尚忠家の家司《けいし》島田左近《しまださこん》(龍章)にあてた書状(『井伊家』五―三二一五頁)のなかで、「朝議を経て、勅命を相待つのほか、他に術」ないと書きおくっている。さきの毀鐘鋳砲のようにウヤムヤになってはまずいと言っているが、長野も通商条約締結には朝廷の許可を求めるしかない、と判断していたことに注目したい。

アヘン戦争の二の舞を演ずるな

天保期以来、外国が幕府を「脅す」材料であり、幕府や知識人がわが国の将来を重ねあわせていたのは、隣国清国の運命である。第一次アヘン戦争情報は、幕府を驚愕させ、清国の二の舞を演ずるなという教訓のもと、異国船打ち払い令の迅速な撤廃と、海防態勢の構築へと進ませた。また、天保十五（一八四四）年のオランダ国王書簡は、アヘン戦争の惨禍を避けるため早期に開国すべきだと勧告、幕府はいらぬお世話とでもいうような回答をしたが、アヘン戦争の二の舞を演ずるな、という主張の材料として生きていた。すなわち、欧米諸国を敵に廻して戦争になれば、清国と同じ運命になりかねない、というアヘン戦争の教訓こそ、わが国の対外政策のあり方を規定した重要な要素であった。

ハリスとの通商条約交渉も、アヘン戦争、ただし第二次アヘン戦争（アロー戦争）情報の圧力・脅威のもとでおこなわれた。安政三年九月、清国の役人がアヘン捜査のためイギリス船アロー号船員を抑留したアロー号事件をきっかけに、第二次アヘン戦争が勃発し、イギリスとフランスが共同して清国を攻撃、安政五年五月、清国が敗北し天津条約を結んだ。この事件が「広東の覆轍《ふくてつ》」としてハリスにより最大限「脅迫」に利用され、幕府の抵抗力を奪った。

堂上方正気の沙汰とは存ぜられず

幕府は、安政四年十二月二十九、三十の両日、諸大名に江戸城への登城を命じ、日米通商

堀田正睦

条約締結の方針を説明して説得につとめた。大名からは、絶対反対ということはなかったが、尾張藩主徳川慶恕《とくがわよしくみ》、仙台藩主伊《だ》達《て》慶邦《よしくに》、鳥取藩主池田《いけだ》慶徳《よしのり》、阿波藩主蜂須賀《はちすか》斉裕《なりひろ》などから、朝廷の勅許を求めるべきではないか、という意見が出された。幕府は、それより早く大学頭《だいがくのかみ》林韑《あきら》（復斎）と目付津田半三郎（正路）を京都に派遣し、十二月二十九日に武家伝奏に対し通商条約締結のやむない事情を説明させている。

幕府は、大名の七割の賛成は得られたと判断していたが、尾張藩主たちの意見や反対論の存在に配慮し、幕府の方針に対する異論を封じるため、朝廷の許可（勅許）を得て条約の調印をおこなうことに決め、外交担当の老中堀田《ほった》正睦《まさよし》（佐倉藩主）を京都に派遣することになった。日米和親条約以来の対外政策をめぐるギクシャクした国論を、通商条約勅許により一挙に統一させようとしたのである。

日米和親条約の時は、調印後に朝廷に報告した、いわば事後承認であった。それを今回は調印以前に朝廷の勅許を求めようとした背景には、条約締結に対する強い異論を、勅許により天皇の権威を利用して封じこめるという意図とともに、簡単に勅許が得られるという読みがあった。勅許を得るのはただの形式、儀式だという幕吏のハリスに対する説明、井伊直弼の懐刀長野義言すら楽観的な見通しを持っていたことに象徴されるように、よもや朝廷の強硬な反対により勅許を得られないという事態がおころうとは、思ってもみなかったようだ。

いみじくも、条約勅許に失敗した老中堀田が、「実に堂上方正気の沙汰とは存ぜられず」（田辺太一『幕末外交談』六七頁、冨山房、一八九八年）と手紙に書かざるを得なかったような、朝廷の強硬な反対に遭おうとは、おそらく夢想だにしなかっただろう。そこに見通しの甘さがあり、それが墓穴を掘る結果となったのである。

定見なし

しかし、朝廷側にも条約問題についての確たる考えかたがあったわけではない。そのなかで際だっていたのが、後述する孝明天皇の明確な姿勢だった。安政五年一月十四日、京都所司代が、老中堀田正睦の上京を報じた。その上京の理由を、対外関係を変革するためには、諸大名の「人心折り合い」が必要なので、天皇の「叡慮」を伺いたい、と説明している。なお、「人心折り合い」がこの時期のキーワードであるとの指摘が、遠山茂樹氏『明治維新と天皇』（二八頁、岩波書店、一九九一年）にある。

この報をうけた朝廷は、「鎖国の法変革のこと」について、三公《さんこう》と議奏・伝奏の両役など十二名に意見の提出を求めた（『孝明』二―七一七頁）。さらに一月二十五日には、孝明天皇の指図により、その範囲を現任の公卿（三位ないし参議以上の公家）全員に拡大し、意見提出を命じた（『孝明』二―七三〇頁）。単純な容認論と拒絶論もごく少数はいたが、所司代が

「人心折り合い」のためといってきた（裏をかえせば、諸大名の意見が一致していないことを暴露した）のをとらえて、「人心折り合い」が必要なので、三家以下諸大名の意見を聞いたうえで判断すべきだという、結論を世論に委ねようという意見が大半を占めた。すなわち、定見なし。

公家中の「怜悧円熟《れいりえんじゆく》」第一の人と称され、日米和親条約にすら反対していた対幕府強硬派の内大臣三条実万すら、困惑の状を隠しきれない。安政五年二月（堀田正睦上京前）に、左大臣近衛忠熙《ただひろ》に送った手紙がよく示している。幕府には強硬策で対応すればよいと考えていたが、幕府や諸大名の状況（「武情」）を探索してみると、「賢才」の越前藩主松平慶永《まつだいらよしなが》は幕府の方針に賛成だし、かの攘夷論者の前水戸藩主徳川斉昭も、幕府の方針を容認するらしいことがわかった、条約拒絶、攘夷という「正論・英断」だけ主張していたら朝廷にとって大変な事態を招きかねない、「夷《い》情は勿論、武情も分かりがた」く「当惑至極」だ（『孝明』二─七五三頁）。

天下の一大事

このような公家たちの無定見、ないし困惑のなかで、際だっていたのは孝明天皇の姿勢であった。安政五年一月十七日に、関白九条尚忠に宸翰《しんかん》を送った。この宸翰は、朝廷そして天皇自身の行く手を示したものとして重要だ。そのなかで、関白や太閤（鷹司政通）に遠慮することなく公家が自由に意見を言えるようにすべし、また現任の公卿にも諮問すべしと、朝廷内部の議論の活性化と大衆化を命じている（『孝明』二―七二五頁）。これは、これ以後に現実におこる公家の群議をはじめとする、廷臣たちの政治的発言・行動に途を開いた指図として重要である。しかし皮肉にも、このの ち彼らが孝明天皇の意思・思惑を越えて行動する契機ともなった。

幕府への回答は、公卿たちの大勢とかわるところのない、「三家以下諸大名の意見を聞いてから決める」というものであるが、これが幕府への最終的回答ともなったことから、注目すべきだろう。この回答案では、天皇自身も確たる定見があったとは読めない。だが、アメリカの要求通りになったのでは「天下の一大事」であり、

私の代よりかようの儀に相成り候ては、後々までの恥の恥に候わんや、それに付いては、伊勢始めのところは恐縮少なからず、先代の御方々に対し不孝、私一身置くところ無きに至り候あいだ、誠に心配仕り候、（『孝明』二―七二六頁）

と書いている。外国と通商条約を結ぶことは天下の一大事であり、孝明天皇の代からそうなるのは、伊勢神宮をはじめとする神明に申しわけなく、先祖の歴代天皇に不孝であると、歴代の天皇位に連なる者としての責任感を表明している。ここには、神明に庇護された日本国

の君主意識、皇統意識が、強く打ちだされていることに注目したい。この皇統意識、君主意識は、光格天皇に顕著に認められる意識であったことはすでに指摘したとおりであるが、孫の孝明天皇に確実に引き継がれ、以後強まることはあっても弱まることのない意識として、重要な役割を果たすことになる。

鎖国攘夷の決意を披瀝

なお、この時点で天皇が強く心配したのは、公家たちが金品で幕府に買収されてしまうことである。堀田が持ってくるであろう金品に「目クラミ」しては「天下の災害」なので、天皇自身も受けとらないつもりだと書いている。困窮した公家が、カネに目がくらんでしまうことをひどく懸念している（『孝明』二―七二五頁）。

一月十七日の時点では、明快な方針は出ていなかったが、二十五日に関白九条尚忠に送った宸翰ではっきりとその決意を披瀝《ひれき》している（『孝明』二―七三〇頁）。いちばん重要な通商条約については、たとえ老中が上京していかに演説しようとも断固拒絶する、もしも外国人が納得しないならば「打ち払い」、すなわち攘夷する決心だと書いている。条約拒絶、攘夷という決意が披瀝され、幕府への回答は、それを踏まえて三家以下諸大名の意見を聴取するというものであった。

鎖国攘夷という孝明天皇の不動の意思・方針は、鎖国攘夷派を勇気づけその行動を正当化し、開国派も表だって反対することはできず、以後の政治過程にきわめて重たい意義を持ち続ける。拒絶の理由は十七日の時と同じで、伊勢神宮を始めとする神明と歴代天皇に対して申しわけがないである。

ところで、このさいに天皇がもっとも苦慮したのは、太閤鷹司政通の存在であった。なお、孝明天皇が鷹司政通との「闘い」を通して、天皇としての自己の権威を確立したことの重要性を、井上勝生氏『幕末維新政治史の研究』（第七章、塙書房、一九九四年）が指摘している。

鷹司政通コンプレックス

鷹司政通は、五摂家の一つ鷹司家の人で、寛政七（一七九五）年から文化十一（一八一四）年まで約二十年間関白を務めた鷹司政熙《まさひろ》の子で、また、天明七（一七八七）年から寛政三（一七九一）年まで同じく関白を務めた鷹司輔平《すけひら》の孫にあたる。左の略系図をご覧いただ

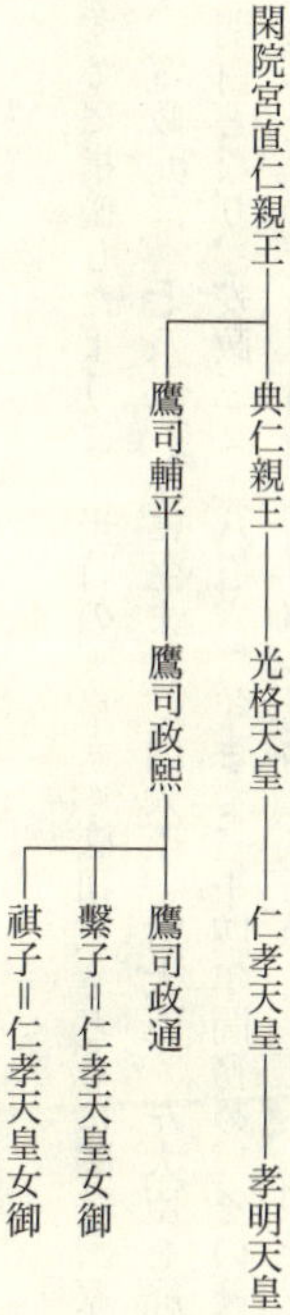

きたい。

すでに指摘したように、当時の天皇家も鷹司家もともに閑院宮家の血筋なのである。政通は、寛政元（一七八九）年に生まれ、内大臣、右大臣、左大臣を経て文政六（一八二三）年に関白となり、安政三（一八五六）年まで三十四年間務め、その後太閤となったが内覧（天皇に奏上する文書を事前に内見する役）は従来どおりで、朝廷の重鎮として重きをなしていた。

天皇家と同じ血筋であるうえに、三十数年間朝廷のトップに君臨していたこと、「気魄雄渾《きはくゆうこん》、容貌魁偉《ようぼうかいい》」と称されたようになかなか剛胆なお公家さんであったこと、安政五年当時、孝明天皇二十八歳に対して鷹司政通は七十歳という親子以上の年齢差があったこと、また、前水戸藩主徳川斉昭の姉を妻としていたことから、水戸家を通して対外情勢や幕府の内情も入手し情報通であったことなど、政治家というレベルでは、格が違うというところか。意見が一致していれば、まことに頼もしい「股肱《ここう》の臣」であるが、意見が不一致のとき、孝明天皇にとってまことにやっかいな存在となる。

孝明天皇は、開国論者鷹司政通を恐れた。「予（天皇）一言に太閤多言にて申しきりになり候わん」、天皇が一言いえば、政通は何倍も物を言う、それで言い負けることを恐れたのである。二月二十日の関白九条尚忠あての宸翰には、「太閤と差し向き応対になり候ては、私なかなか存念のほど一寸も申されず、万一申し候とも、なかなかこれ迄の工合にては申し条立たず」と書いている。政通と向かい合うと、考えていることの万分の一も言えない、言ったとしても通らない、政通は何事も自分の思い通りにしなければすまない性格なので、意見が違っていても、「なに天皇は私と同じ考えだよ」くらい言い出しかねない。そこで、政通と二人だけで話すのはマズイので、政通が屋敷を出るのを見張って（鷹司家と九条家は、堺町御門を挟んで東西に向き合っている）、その時は関白も屋敷を出て御所に参内するように、とまで指図している。これは天皇のおびえ、政通コンプレックスといったほうがよいだろう（『孝明』二―七三一、七七三、七七五頁）。

鷹司政通は、日米和親条約の時もそうだったように、開国論者だった。通商条約問題でも当然のことながら、勅許すべきだと強く主張していた。朝廷内における政通の重みを考えると、その主張は大きな力を持っていた。

勅許は出せない

第一章ですでに指摘したが、朝廷の意思は朝議により決定される。この朝議をリードする、あるいは朝議を独占するのは〈関白―議奏・武家伝奏〉のラインである。とくに関白の意向が大きい。この朝議と天皇の「叡慮」との関係は、その時々で詰めて考えなければならないが、いつも同じとは限らない。〈関白―議奏・武家伝奏〉による朝政機構が確立してからは、朝廷の政務処理はこのラインでおこなわれており、幕府の老中制、諸藩の家老制と同じである。天皇個人の意思、「叡慮」で朝議が自由になるものではない。

二月十一日、老中堀田正睦は武家伝奏と議奏を旅宿の本能寺に招き、国際情勢の変化による開国、通商条約締結のやむを得ざる状況を縷々《るる》説明し、納得を得ようとした。地球上のあらゆる国と国民を資本主義的市場経済に引きこんでやまない世界情勢の激変に直面し、選択肢は、そのなかに入ってゆくか、拒絶し鎖国を維持するため戦争するしかない、しかし勝利する可能性はない、とすれば通商条約を締結して世界の市場経済の一員となり、国家、国勢の挽回を他日に期すしかないという堀田らの説明は、現在の我々が聞いてもなかなか説得的であり、冷静な判断に思える。

この説明を聞いた武家伝奏、とくに東坊城聡長はすっかり納得したようである。堀田は、太閤鷹司政通の他に武家伝奏の支持を得た。このような事情もあるのだろうか、井伊直弼の腹心長野義言なども、二月十四日、同月二十日付の手紙で、朝議は幕府に一任という結論になる、と条約勅許の明るい見通しを書いている（『井伊家』五―四一五、四三四頁）。

孝明天皇は朝議の行方が心配だった。武家伝奏が堀田に説得されたこと、天皇も関白も関係なく太閤鷹司政通のところで決めてしまおうと武家伝奏が画策しているという噂、つまり〈老中堀田〉―太閤鷹司―武家伝奏〉のラインで決着をつけようという策を聞き、ひとしお心配になったようだ。そして、天皇や公卿の多数意見と違う朝議の結論が出そうだ、とも漏らしている。

また、堀田が戦争すれば負けるから戦争はできないと言ったことを取り上げ、本当に勝てないのかどうか、姻戚関係のある大名にそのあたりの見通しを聞いてほしいと、左大臣近衛忠熙《ただひろ》に宸翰を送って頼んでいる（『孝明』二―七七三〜七七四頁）。このへんの天皇の心配ぶりは、昭和天皇が対米開戦の御前会議などで「勝てるか」と問いただしていたのを彷彿させる。さらにそのなかで、通商条約はすでに決定されていて、堀田の上京も天皇と相談して決めるという趣旨とは違うようだと、内心の不満を漏らしている。

二月二十一日に朝議が開かれ、ここでは公卿の多数意見どおりの結論が出た。すなわち、「人心折り合い」が重要なので、三家以下諸大名の意見を聞きたい、ついては、諸大名に意見書を提出させ、天皇のご覧にいれるよう、というものであった。幕府は、大名の異論を封じるために勅許を求めたのに対し、朝廷は、大名に異論があるようだからまず大名の意見を聞いてから判断したい、と回答したのである。勅許そのものに関していえば、通商条約の是非はさておき、勅許については現段階では出せない、ということになる。

この朝議の内容を知った太閤鷹司政通は、翌二十二日に御所に乗りこみ、通商条約の必要性と勅許を説いて、朝議を覆そうとした。だが、天皇と関白の意思は変わらず、結局、二十三日に、武家伝奏・議奏が本能寺にむかい、堀田に朝議を伝達した。堀田は、ひとまず勅許の獲得に失敗した。

天皇の孤立

堀田らは、巻きかえしをはかった。標的は、当然ながら関白九条尚忠に向けられた。とくに、井伊直弼の懐刀長野義言は、親交のあった九条家の家臣島田左近（龍章）を介して九条尚忠と接触し、対外情勢を説明して条約のやむを得ない状況を説いた。これらの工作が功を奏したのか、関白は態度を豹変して条約勅許のほうに傾き、朝議を動かしはじめた。朝廷の実力者太閤鷹司政通は、意見が合わないという理由で天皇が内覧を辞退させる意向を示したため、辞表を提出していたので、九条としては行動しやすい状況が生まれていた。

三月五日に、老中堀田正睦は江戸の老中からの奉書《ほうしょ》を示し、天皇がもっとも心配している「人心折り合い」は、幕府が責任を持つので勅許して欲しい、と武家伝奏に伝えた。これをうけた関白は、この問題の強硬派排除という挙に出た。すなわち、青蓮院宮尊融《しょうれんいんのみやそんゆう》親王、内大臣三条実万、左大臣近衛忠熙の三名が会合することと、青蓮院宮が御所に参内することを禁じた。強硬派の連携を断ち切ることを狙った措置である。

この動きを察知した孝明天皇は、近衛左大臣に宸翰を送り、幕府の説明は承知できない、また関白は、「人心折り合い」は幕府が責任を持つといっているのだから、「愚昧《ぐまい》の大樹《たいじゅ》（将軍）」とはいえ朝廷からとやかく言えない、などと話しているが、将軍の厳命だと押しつけるだけでは諸大名は納得しないだろう、「関白の所存は真実のところ何なる哉、私申し候ゆえ御つき合いに候や」と、関白の言動に疑いを抱きはじめている（『孝明』二―七九五～七九六頁）。太閤鷹司政通のみならず、頼みの綱の関白までが怪しくなってきた。ついに、天皇は孤立してしまった。

激越な調子の反対論を展開

豹変した関白九条尚忠のもとで、新たな勅答案が作成された。その勅答案には、「人心折り合い」は幕府の方で責任をもつと回答があったので安心したが、伊勢神宮と歴代天皇に恐れ多く、かつ対外関係の大変革なので人心の行方が心配だ、と記したのに続き、最後のところにもっとも肝心なことがつぎのように書かれている。

なんとも御返答の遊ばれ方これ無く、この上は関東において御勘考あるべく様、御頼み遊ばれたく候事、（『孝明』二—八一〇頁）

孝明天皇は、諾否いずれとも決断できないので、幕府の方で判断してやってくれという趣旨である。幕府への白紙委任にも等しい回答であった。

関白らに反発する動きも表面化してきた。たとえば、三月三日に議奏の久我建通が抗議の意を含んで辞表を提出し、三月七日には、権大納言中山忠能《なかやまただやす》、権中納言正親町三条実愛《おおぎまちさんじょうさねなる》、権中納言正親町実徳《おおぎまちさねあつ》、参議八条隆祐《たかさち》、参議中院通富《なかのいんみちとみ》、参議橋本実麗《さねあきら》、参議野宮定功《ののみやさだいさ》の七名が、連名の意見書を武家伝奏に提出し、「蛮夷」に屈服し、通商条約を締結しようという幕府は、「狂妄《きょうもう》の徒」であり、条約を締結することは「神国の汚穢・御瑕瑾」だと、激越な調子の反対論を展開した（『孝明』二―七九九頁）。

孝明天皇は、勅答案について、三公、両役のみならず、一月に外交意見の提出を命じた現任の参議以上へ見せて意見を聴取し、そのうえでなお相談したい、という趣旨の宸翰を三月七日に関白に与えた。天皇は、この問題を〈関白―武家伝奏・議奏〉のライン、また、それに三公などを加えた程度の範囲内で決着をつけるのではなく、さらに議論を「大衆化」してゆこうとした。この指示は、議論の大衆化、活性化に重要な意義を持つことになる。

公家たちの行動が予想を越えた規模に

関白は三月九日に、三公とそれ以外の五摂家の参内を命じ、関白の勅答案を朝議決定しようとした。しかし、近衛忠熙と三条実万が欠席し、結局は決着がつかなかった。この日、議奏の徳大寺《とくだいじ》公純《きんいと》が、御所を退出して帰宅途中、何者かに輿《こし》を囲まれて引きずりおろされ、危うく斬られそうになる事件がおこっている。これは、激昂した公家たちのなかに、関白と組んで幕府寄りの姿勢をとっていた議奏東坊城聡長を「国賊」として討ち果たそうという物騒な計画があり、徳大寺はその東坊城と人違いされたのである。朝廷大騒動、動乱を予告する事件であった。

翌十日の夜になって、天皇の指図に従ったのであろう、勅答案を現任の納言、参議に回覧した。翌十一日には、続々と意見が武家伝奏のもとに寄せられた。その意見は、勅答案の末尾の文言に集中した。

権大納言中山忠能と権中納言正親町三条実愛は、連名で意見を上げたが、末尾の文言を、

この趣関東において深く御熟察、厚く御勘考これ有るべくよう、遊ばれたく候事、

とすべきだと主張している。中納言三条西季知《さんじょうにしすえとも》と参議野宮定功《ののみやさだいさ》も連名で、

この上は、関東において再応深く御勘考これあり候よう、御沙汰に候事、

とすべきだと意見を出した（以上は『大日本維新史料』第三編三―一八九頁）。さらっと読んだだけではよくわからないが、勅答案にあった「御頼み遊ばれたく候事」が、幕府一任を意味したことが問題の核心だったのである。関白九条尚忠はこれらの意見に接し、「この頃の堂上向き人気《じんき》立ち、種々心のまま申し出られ、甚だもって心痛」（三月十二日付近衛忠熙宛書状、『大日本維新史料』第三編三―二〇〇頁）と、公家たちが勝手なことを言って気勢をあげるので困ったものだと記し、〈関白―武家伝奏・議奏〉の朝政機構を乗り越えようと

する公家の動向に警戒の目を向けている。

勅答は、三月十一日に関白案どおり朝議決定され、十四日に堀田正睦に伝達のはこびとなった。天皇も、あまり強くいうと堀田の身命にかかわり、将軍との関係も抜きさしならないものとなりかねないなどとして、勅答案を承認した。

だが、勅答、とくに幕府一任をめぐり、公家たちの行動はおそらく天皇や関白の予想をこえた規模となり、朝廷は未曾有の大騒動となった。


堂上公家、下級官人の「一揆」


十二日になると、権大納言中山忠能を筆頭に、現任の納言と参議の十三名が連名で、勅答の変更を迫る意見書を武家伝奏に提出した。文末を「なお関東において叡慮を安んぜられ候よう、厚く御勘考これあるべくと思し召し候事」と改めるようにと主張している（『大日本維新史料』第三編三―一九二頁）。

そして同日午後、八十八人もの公家が御所に集まり、勅答にある幕府一任の文面の削除を要求する願書に署名して武家伝奏に渡し、さらに関白九条尚忠が参内してこないので、堺町御門にあった関白邸に押しかけ、勅答撤回の要求を突きつけるという事件がおこった。御所に集合した八十八人には、中山忠能を筆頭に中納言、参議から四位、五位、ないし若年の公家が含まれている。八十八人もの公家が集団で武家伝奏に意見書を提出し、さらに関白邸に押しかけ要求を突きつけたのである。公家「一揆」の様相を呈した。まことに、「囂々寔《ごうごうまこと》に未曾有の事」「希代珍事」（『大日本維新史料』第三編三―二七四〜二七五頁）である。

公家たちは、「国家のため万死を顧みず」と高揚した気分で、〈関白―武家伝奏・議奏〉という朝政機構を乗りこえるための集団的示威行動をとった。百姓・町人身分であれば越訴《おっそ》、強訴《ごうそ》の一揆にあたる。または、村役人や町役人らの牛耳る村政・町政を乗りこえる村方・町方騒動にあたるだろう。それはまた、幕末期の諸藩にみられた、中下級武士が上級武士の牛耳る藩庁を動かし、藩論を変えてゆく行動にも似ている。江戸時代も後期になると、既存の意思決定機構を乗りこえようとする運動は、さまざまなレベルの集団でおこなわれていたが、朝廷、公家社会も例外ではなかったということである。

それは、堂上公家ばかりでなく、非蔵人《ひくろうど》（賀茂社、松尾社、稲荷社の社家などから出て、無位無官で御所の雑用を務めた者）までが立ちあがっていることにもよくあらわれている。堂上公家の行動を見聞きした非蔵人たちが語らって、三月十三日には、鴨脚《いちょう》秀名以下三十六名、十四日には松尾《まつお》房恭《ふさやす》以下十九名が連名で、幕府一任の勅答の撤回を要求し、武家伝奏宅、関白邸に押しかけ、要求書を提出した。非蔵人たちの集団的要求、ないし訴願行動は前代未聞のことだろう。中下級の堂上公家、下級官人たちの「一揆」「蜂起」は、〈関白―武家伝奏・議奏〉の朝政機構を孤立させ、朝議を一変させるに十分なインパクトを与えた。

なお、先の八十八人の公家たちは、三月十四日に四ヵ条の申し合わせを作成し、変心する者は以後の申し合わせから除名する、と取りきめている。集団行動をたんに一回限りのものではなく、それを一味同心的な結合の形成に向けてゆこうとしている。公家のなかに、門流ではない横の結合ができつつあったことを示した。

この公家列参の首謀者については、武家伝奏の久我建通が勅答を変更したいという天皇の内意をうけて、岩倉具視《いわくらともみ》や大原重徳《おおはらしげとみ》と語らったというのと、岩倉具視がおもに画策したという説がある。ともに後日談であるが、岩倉が重要な役割を演じたらしい（『孝明』二―八一七頁）。

朝議、勅答の変更

公家列参の翌日、八十八人の公家の行動を関白から聞いた天皇は、「無理からざる趣意」（『孝明』二―八一五頁）なので、評議のうえで変更もあるだろうと、勅答の変更を示唆した。箱石大氏「安政期朝廷における政務機構の改変――『外夷一件御評議御用』の創設を中心に――」（『国史学』第一四五号、一九九一年）によると、朝廷では、勅答の再検討のため、「外夷《がいい》一件御評議御用」という係を設け、〈関白―武家伝奏・議奏〉という既存の政務機構に三公を正式に加えたという。これを決めたのは、太閤鷹司政通だとされている。

関白九条尚忠が幕府側に豹変したのと対照的に、太閤鷹司政通は公家列参の前後に天皇側に豹変した。この背景には、鷹司家の儒官三国大学と同家の諸大夫《しょだいぶ》小林良典《よしすけ》らの説得があるという。幕府寄り＝太閤対天皇寄り＝関白の図式がまったく逆転してしまい、朝議、勅答の変更に大きな影響を与えた。ここに朝廷内の混乱が象徴されている。

朝議は三月十四日に再開され、関白、三公、両役に加えて、三公に就任していない摂家の当主も加わり、条約勅許問題を評議している。なお、この「外夷一件御評議御用」は、他の史料では「海防掛」「海岸御用掛」と表現されているので、幕府が設けた「海防掛」（老中・若年寄・大目付・目付などから構成され、はじめは海岸防備策の立案を主任務としたが、次第に対外関係全般を評議し、安政五年には外国奉行へ発展的に解消された）と同じく、対外問題を評議する組織であったようだ。

勅答案ができあがると、これをまず現任の参議以上の公卿に見せ、ついでかの列参公家のうち現任以外の公家にも参内を命じ、勅答案を見せた。なお、極秘の勅答案が漏れることを恐れ、写すことを禁じている。前の関白作成の勅答案は、現任の公卿までだったが、今回はさらに範囲を広げ、全公家の総意に基づいて決定しようとしている。

現任以外の公家八十二人は、今回の勅答案に対しても意見書を出した。勅答案の末尾は、「猶三家以下諸大名へも台命《たいめい》（将軍の命令）を下され、宸襟《しんきん》を安んじられ候よう、再応衆議これ有るべし」、つまり、将軍が御三家以下諸大名に命じて意見を出させ、天皇が安心できるよう再度評議するように、という文面であった。これに対して八十二名の公家は連名で、「三家以下諸大名へ台命を下され、再応衆議これ有るべく候、その旨聞こしめされ候うえ聖《せい》思《し》を定めらるべき旨」と変更するよう求めた。将軍は諸大名に命じて意見を徴して評議し――ここまでは同じである――、天皇はその内容を幕府から聞いたうえで判断する、という趣旨の文面に変えることを要求したのである（『孝明』二―八一二頁）。

こうして、関白九条尚忠が通そうとした幕府一任の勅答案は、とうとう葬り去られてしまった。この過程には、「国賊」とまで罵られた武家伝奏東坊城聡長は辞職し、禁裏付都筑峯《つづきみね》重《しげ》が自殺するなどの悲惨な軋轢《あつれき》もあった。

戦争も辞せず

三月二十日、老中堀田正睦を御所に招き、小《こ》御所において勅答を伝達した。まず「墨夷（アメリカ）の事」は「神州」の大患、国家の興廃にかかわる重大問題で、伊勢神宮と歴代天皇に対し恐れ多い、鎖国の変更は人心の帰趨《きすう》ともかかわり、永くわが国の安全を保てるのか心配である、通商条約の内容は、「国威」を損なうと思う、また、公卿たちも、「国体」にかかわりのちのち大変なことになりかねないといっている、だから、三家以下諸大名の意見を徴し、評議のうえ再度天皇に伺うように、という趣旨であった（『孝明』二―八〇八頁）。結局は、二月二十三日の回答と趣旨は同じことであるが、公卿の意見をつけ加えているところに、公家大衆の圧力のもとで作成された勅答であることがよくわかる。そして、この勅答により、孝明天皇の鎖国攘夷という不動の意思が公然となった。

こうして、老中堀田は、通商条約の勅許獲得に失敗してしまった。だが堀田もゴネた。大名の意見を集約しているうちに、アメリカがしびれを切らし事態が切迫してしまった場合、条約締結か戦争かを幕府が判断してもよいかと朝廷に迫った。これに対して天皇は、通商条約案はとても勅許できない、アメリカとの交渉がもつれた場合、勅許できないという「叡慮」を体して説得にあたり、それでもアメリカ側が武力に訴えるならば「是非なき儀」――しかたがない、やむを得ないという意味。条約を締結してもやむを得ないという意味なのか、戦争もやむを得ないという意味なのか不明であるが、天皇のこれまでの言動からすれば、後者の意味か――と回答している（『孝明』二―八二三頁）。

堀田正睦からすれば、まったく無茶苦茶な回答だということになる。堀田は、関白九条尚忠に手紙を送り、「和親もなく戦争もなく、外交を絶ち独立して昇平を楽しむ国は一国もこれなし」「世界万邦を皆仇敵《きゅうてき》に引き受け、殺戮《さつりく》絶える間なく、いつまでも持ちこらえらるべき筈もこれ無し」と慨嘆している。諸外国と交際せず戦争もせず、鎖国して平和を楽しんでいる国など、この地球上にひとつもないではないか、戦争となれば世界中を敵に廻して闘うことになってむごい殺しあいとなり、持ちこたえられるわけがないではないか、堀田の慨嘆はもっともな響きに聞こえる（『孝明』二―八二七頁）。

だが天皇は、戦争も辞せず、条約には絶対反対と息巻いている。「対外屈従」売国の将軍・幕府と「対外強硬」救国の天皇・朝廷という、見事なコントラストがあらわれた。孝明天皇・朝廷の権威は、ピークとなる文久三（一八六三）年に向かって急上昇を遂げる。

幕府は条約に調印したい、朝廷は今の時点では反対、というように幕府と朝廷は通商条約という対外政策をめぐり意見が真っ向から対立してしまった。朝廷を組みこんで国家権力、すなわち公儀が構成されているのだから、国政レベルの政策で国家意思の分裂、公儀の意思の分裂が生じたのである。別の表現をすれば、公武一致、公武和融の破綻《はたん》である。江戸時代初の出来事であった。

条約拒否は、公家たちに歓迎された。大原重徳は、「大旱《たいかん》の雲霓《うんげい》、暗夜の灯光」（『孝明』三―五頁）だったとまで書いている。しかし、これは朝幕の対立、公武和融の分解であり、朝廷の幕府に対する「異心」であり、大動乱の幕開けであった。

孝明天皇逆鱗す

堀田への回答を終えた天皇は、伊勢神宮などへ異国調伏の祈禱を命じた。ついで、幕府への勅答を土壇場でひっくり返し、勅許拒否に途を開いたとして、両役と、連名で決起した堂上公家・非蔵人に、おのおの金を賜いその功を讃えた。かの集団決起をとがめるどころか、誉め讃えたのである。それはそうであろう、孝明天皇自身がその途を開いたとはいえ、天皇の鎖国攘夷という不動の意思をさえぎろうとした〈関白―両役〉の朝政機構を乗りこえ、その意思を貫くことができた最大の功労者なのであるから。孝明天皇に対する廷臣の支持、信頼、忠誠心は非常に強化されただろう。

しかし他方では、これ以降文久三（一八六三）年にかけて、強硬な尊王攘夷派の公家が多数輩出し、今度は天皇の統制を越え、逆に天皇の意思を規制するまでに至る。天皇が途を開いた朝廷内部の議論の大衆化・活性化は、安政五年には、天皇の意思を貫徹するうえで有効であったが、文久三年にかけては逆に天皇の意思をさえぎる役割を果たしたのである。これも歴史の皮肉というべきか。

徳川家茂

また、朝議に天皇の意思を通しやすくする狙いであろうか、武家伝奏に万里小路《までのこうじ》正房《なおふさ》、議奏に中山忠能という対幕府強硬派を据えた。さらに、朝廷諸経費の削減を命じた。それは、条約調印を拒絶すれば戦争になる危険性があり、戦争となっても不覚をとらないため、朝廷経費を削減し、いくらかでも軍備の費用にあてたいという趣旨である。事実天皇は、あれほどさかんだった酒宴、宴会を停止したほどである。天皇は、もはや臨戦態勢である。戦争も辞せず、と天皇が腹を固めていたことは明らかである。そして、幕府からの返答をまった。

その頃幕府では、朝幕間の意思の不一致、将軍継《けい》嗣《し》問題の切迫という事態を迎え、この難局の乗り切りを策し、四月二十三日に彦根藩主井伊直弼《なおすけ》が大老に就任した。その後は、条約調印をめぐる朝幕の対立、将軍継嗣をめぐる幕藩領主の対立を克服し、幕藩権力の存続・維持をはかる強硬策が、井伊大老のもとで推進されてゆく（小野正雄氏『幕藩権力解体過程の研究』第二部第二章、校倉書房、一九九三年）。すなわち、六月十九日の日米通商条約調印、二十五日の将軍継嗣に紀伊藩主徳川慶福《とくがわよしとみ》（のちに家茂《いえもち》）の決定、反対派の弾圧、すなわち安政の大獄である。

井伊直弼の大老就任を知った天皇は、幕府から何もいってこないことをいぶかしがりながら、条約問題の前途に暗いものを感じとっていた。あたかも自身の覚悟を固めるかのように、左大臣近衛忠煕らに宸翰をおくり、どのような回答が幕府からあろうと、三月二十日の勅答はいささかも変わらない、と決意を表明し協力を求めた（『孝明』二―八五七頁）。

さらに、伊勢神宮、石清水八幡宮、賀茂社への勅使に宸筆《しんぴつ》の宣命《せんみょう》をもたせ、神の加護による外患の撃攘《げきじょう》、歴代に恥じぬ美名を後世に残したい、戦争となったさいは元冦《げんこう》のときと同様に神風を吹かせてほしい、朝幕の和融、不忠者に対する神罰などを願った（『孝明』二―九一二頁）。天皇は、神にかけて断固として条約を認めず、異国を撃攘することを決意した。

首を長くして待っていた幕府からの回答が、六月二十七日に伝えられた。諸大名の意見を集約し、天皇の判断をうかがうなどというものではなく、なんと日米通商条約に調印したという報告であった。天皇は、慌て、絶望し、そして逆鱗《げきりん》した。

天皇位をかけて条約に反対

六月二十七日、「絶体絶命この時」、「ウカウカ致しおり候時節にあらず」と、この難局に自ら先頭に立って立ち向かう意志を示し、三公・三条実万・二条斉敬《にじょうなりゆき》・両役を召集し、「大評」（大規模な評議という意）を命じた（『孝明』二—九二二頁）。その評議ではなかなかうまい策が出なかったが、三家あるいは大老を上京させ事情説明するようにと幕府に申し入れては、という考えが多数だったようである。

前日の評議があまりに生ぬるかったせいかその翌日、天皇は、参内した関白や左大臣、両役などを御前に招き、「甚だ御逆鱗の御様子」で一通の宸翰を見せた。その宸翰には、つぎのように書かれていた。通商条約は、表面は友好をうたっているが、じつはわが国を侵略しようとするものなので、誰が何といおうと許しがたい、条約を締結しなければ外国と戦争となるだろう、しかし平和に慣れたわが国の軍備は弱体化し、諸外国に敵しがたいという、まことに「絶体絶命の期」である、考えてみると、「夷」（諸外国）を征伐できないのでは、「征夷大将軍」の官職名にふさわしくなく、嘆かわしいことである、かといって政務は幕府に委任している（大政委任論）のだから、朝廷から強くあれこれいうと朝幕関係がこじれてまずい事態となる、だが、条約を認めることは、「神州の瑕瑾」であり「天下の危亡《きぼう》の基」であるから、天皇として許すわけにはいかない、幕府の今回の措置は「悲痛」などといってすむ程度のことではなく、「言語に尽くしがたき」ことだ、このまま天皇位にいて「万機《ばんき》の政務」を処理し国を治める（「治国」「治世」）には力が足らず、条約を許可することは「天神地祇・皇祖」に対し申しわけない、自分の考えをいってみても今回のように幕府に踏みにじられる、この事態に、まさに進退きわまり「手足置く所」を知らないので譲位したい、この意向を即刻幕府に伝達せよ、という内容であった（『孝明』二―九二二～九二三頁）。

この譲位の意向をどう解釈するか。意地悪くとれば、あまりの難局に判断不能に陥って天皇位から逃げだしたくなった、とも解釈できる。しかし、天皇の位をかけてでも条約に反対する強い意思表示とも受け取れる。おそらくは、二十七日の評議があまりに生ぬるかったため、譲位の意思表示をすることによって圧力をかけ、朝議を強硬策に導こうとしたのではないか。

天皇は、宸翰を見せたまま奥に引っこんで、出てこなくなってしまった。関白は「大心配」し、いろいろ取りなしを願い、三家または大老を事情説明のため上京させることを幕府に通達し、それが済むまでは譲位の件を延期してほしいと説得している。

天皇位をかけた孝明天皇の闘いが始まった。

「届け棄て」のような措置

幕府からは、七月十四日にロシアと通商条約を締結（七月十一日）したこと、また、イギリス・フランスなどともアメリカとの条約に準拠して締結する方針であることを伝えてきた。ついで七月十八日には、朝廷が要求した三家または大老の上京について、前水戸藩藩主徳川斉昭、水戸藩主徳川慶篤《とくがわよしあつ》、尾張藩主徳川慶恕《よしくみ》は、処罰をうけて謹慎中であり、大老井伊直弼は多忙という理由で、上京の延期を求めてきた。

天皇が条約に反対だというのを知りながら、ロシアと締結し、さらにイギリス、フランスとも締結の予定だと、天皇の神経を逆なでするようなことを通達してきた。さらに、幕府の方針に反対した、徳川斉昭や徳川慶篤を処罰したことを知った天皇は、激怒した。七月二十三日ころ、「主上逆鱗、御扇をもって九条殿下の頭をしたたかに御打擲《ちょうちゃく》」（『井伊家』九―二一四頁）という、孝明天皇が関白九条尚忠の頭を扇子でしたたか叩いたという噂がある。天皇の怒りと関白に対する不満をよく伝える噂である。七月二十二日には、ふたたび譲位の意向を左大臣近衛忠煕に伝えた（『孝明』三―一二五頁）。

このころには、天皇の身に関わるさまざまな風聞が飛びかっていた。井伊直弼が、天皇を彦根城に押しこめ、祐宮《さちのみや》（のちの明治天皇）を擁立する、井伊直弼が四千の兵をひきいて上京する、などの不穏な噂が流れた。意を決した天皇は、忌引きで引き籠もっていた関白九条に参内を命じ、八月五日、九条と両役に「趣意書」を見せ、三公と三条実万に意見を出すよう伝えることを求めた。「趣意書」（『孝明』三―一二八頁）にはつぎのようなことが記されていた。

幕府が今回おこなった「届け棄て」のような措置は、「厳重に申せば違勅《いちょく》、実意にて申せば不信の至り」である、三家ないし大老の上京も難しい、アメリカだけでなくロシア、イギリス、オランダなどとあいつぎ条約締結の運びだと、これまた「届け棄て」のように報告してきた、これらの措置をこのまま放っておいたのでは「朝威」が立たない、いかに大政委任とはいえ国家存亡の危機を放っておいては、天照大神、歴代天皇に申し訳がない、公武の関係への配慮を優先しようというのは、「柔弱薄忠の人」である、国家の一大事の時に幕府に何もいわないのはおかしい、幕府にものをいうべきだ。

戊午の密勅出る

八月七日に、意見を求められた三公（左大臣近衛忠熙《ただひろ》、右大臣鷹司輔熙《すけひろ》、内大臣一条忠《いちじょうただ》香《か》）と三条実万は、揃って参内し御所内で相談し、「御趣意書」（『孝明』三―三〇頁）を幕府に送ることを決定した。関白は、三公と三条はすでに内々で話し合っており、結論は読めたので参内しなかった。両役が、幕府に送る手続きをとれと関白邸に来て要求したが、文面は修正できないのかとただすと、これでなければ天皇の譲位を止められないといい、結局、関白は納得しないままに「御趣意書」を幕府に送ること、さらに水戸藩へも送ることが決められてしまった。この「御趣意書」こそが、戊午《ぼご》の密勅（安政五年の干支が、戊午だったことによる）と呼ばれるものである。八月八日に、幕府と水戸藩に送られた。

戊午の密勅には、つぎのように書かれている。

「皇国重大の儀」である通商条約に調印してから報告したのは、三月二十日の勅答に背いた軽率な措置であり「不審」だ、朝廷と幕府の不一致は国内の治乱に関わるので、「公武御実情を尽くされ、御合体」、すなわち公武合体が永久に続くようにと思う、徳川斉昭らを処罰したようだが、難局にあたって徳川家を扶翼《ふよく》する家を処罰するのはどうか、心配である、大老・老中を始め、御三家から諸大名に至るまで群議をつくし、国内が治まり、公武合体が永久に続くよう、徳川家を「扶助」し、外国の侮りを受けないようにすべきだ。

ここでは、国論の一致、挙国態勢確立のため、公武合体と幕藩領主の統一が強調されている。なかでも、諸大名に徳川家の「扶助」を命じていることが注目されるが、天皇―将軍―大名という大政委任の枠組みの維持を表明したものである。

関白九条尚忠は、家司の島田左近に与えた手紙（『井伊家』八―一七五頁）のなかで、密勅は天皇の強い意思で出されたものなので「大心配」だ、密勅は、三条実万が言い出し、天皇の意見と徳川斉昭らの入れ知恵で作られたものだと書いている。天皇主導の密勅のようだ。さらに九条は、密勅は関白が参内しない場で、関白を差しおいて決定されたもので、「宮中の内乱」だとも書いている。〈関白―両役〉の朝政機構の頂点である関白を無視した朝議決定がおこなわれたことは、「内乱」に等しいというのである。

その家司島田が、井伊直弼の側役《そばやく》宇《う》津木《つき》景福《かげよし》に送った手紙には、「誠に狂気のごとく、（中略）死にもの狂いの甚だしき場合に迫り、無理往生の勅諚《ちよくじよう》を出し、（中略）実にもって容易ならざる大罪逆」（『井伊家』九―六〇頁）と書いているが、天皇や三公、三条らの必死の形相が目に浮かぶ。

重大な逸脱行為

将軍継嗣問題が複雑にからみ、一橋派の朝廷工作と幕府側の工作が入り乱れ、「陰謀」と「姦謀《かんぼう》」が渦巻き、一橋派を含めて有力大名らは通商条約を容認するという情勢のなかで、独り朝廷が、なかでも天皇が通商条約絶対反対を主張し、その天皇の意思を踏みにじった幕府の非を鳴らすため、幕府を問責《もんせき》し、それを広くアピールするため、幕府だけではなく水戸藩（それを通じて三家、三卿、家門《かもん》大名に伝達）にも下し、さらに近衛家などに姻戚関係のある大名への伝達を命じたのが、この戊午の密勅である。

天皇は、幕府を否定しようとか、倒そうとか意図したわけではない。幕府が通商条約の可否を問い合わせてきたから、なお大名たちの意見を聞いてから判断したいと回答したのに、それを無視して勝手に調印した幕府の非を鳴らし、このような勅諚《ちよくじよう》を出すことにより、大政委任の枠組みのもと、公武の一致、公武合体を回復し、かつ諸大名に徳川将軍家をもり立てることを命じ、国論の一致による幕藩領主階級の統一強化を狙ったのであろう。天皇は、公武合体、大政委任の枠組みへの復帰を主観的には考えていたのである。

　だが、水戸藩に勅諚を下し、さらにそれを三家、三卿、家門大名に伝達を命じ、公家を通して縁戚大名に伝達させたのは、まったく異例であるだけでなく、大政委任の枠組みを逸脱してしまっている。また、関白を差しおいて朝議を決定したことは、江戸時代の朝廷政務機構、意思決定のあり方からも逸脱している。江戸時代の朝幕関係、朝廷政務機構からの重大な逸脱である。加えて、天皇が幕府寄りであるとして関白九条尚忠を辞職させようとしたことは、幕府を激しく刺激した。その理由は、幕府が朝廷をコントロールする要《かなめ》の関白を、幕府寄りだといって辞めさせられたのでは、幕府は機構的に朝廷を統制することができなくなるからである。

井伊直弼

　天皇の重大な逸脱行為は、幕府の激しい反発を引きおこし、多くの有為の人材を死に追いやることになった。

安政の大獄の始まり

　まさにことここに至ってはというところである、井伊直弼は強硬手段に打って出た。朝廷に工作し、天皇と公家に大きな影響を与えていた尊王攘夷の志士と一橋派への弾圧である。九月七日に小浜《おばま》藩浪士梅田《うめだ》雲浜《うんぴん》を京都で逮捕したのを皮切りに、京都や江戸で尊王攘夷の志士の逮捕が続き、十月には越前藩士橋本左内《はしもとさない》までが江戸で拘禁された。安政の大獄の始まりである。この幕府の強硬策の開始と符節を合わせて、老中間部詮勝《まなべあきかつ》が条約調印の説明のために上京してきた。幕府主導で国論を統一し、国内の安定を回復する狙いである。朝廷工作をしていた志士たちが続々と逮捕される、という事態のなかでの老中の入京である。おそらく朝廷内は戦々恐々だったろう。

九月十七日に上京した間部詮勝は、十月二十四日に参内し、通商条約調印の事情説明をおこなった。世界情勢の変化、対外戦争に勝つ見こみなし、大半の大名が避戦論であることなどを理由にあげて、調印のやむを得ざる事情を説明した。しかし天皇は、条約は「日本国の瑕瑾」であり、下田条約にまで引き戻さなくては絶対に承知できない、と通商条約否認、鎖国攘夷の姿勢を崩さなかった（『孝明』三―一〇二頁）。

間部は、天皇に反論するかのような返答書を、十一月九日に差し出した。条約調印は、大政委任の枠組みでおこなったことである、また、天皇の言い分は、勝算のない戦争をせよと命じているのと同じではないか、天皇は対外情勢をよく知らないからそのように考えるのではないか、などと反論している。

疑念は「氷解」した

十二月十八日、間部は朝廷側の疑念に答えた書付を提出した（『孝明』三―一四四頁以下）。その一つには、開港・貿易を好む者は幕府重職に一人もおらず、拒絶できないからやむなく条約を結んだまでで、軍事力が整えば「前々の国法」、つまり鎖国へ引き戻すのでそれまでは猶予してほしい、いま一つには、大老・老中に対して疑念があるようだが、それは「陰謀」を企む者の工作なので、公家を含む「陰謀」加担の連中を取り調べて黒白はっきりさせたい、と記されていた。一方でいずれ攘夷をやるといってなだめ、他方で「陰謀」加担の公家を取り調べると脅しているのである。この書付は利いた。

天皇はこの間部の書付に飛びついた。十二月二十四日、将軍、大老、老中以下が「蛮夷《ばんい》」を遠ざけ、鎖国に引き戻したいと考えていることがわかったので、「心中氷解」した、徳川家に「悪謀」を企てた公家はいない、公武合体で「夷族」を遠ざけたいという天皇の考えにそって力を尽くしているだけだ、という趣旨の宸翰を関白九条尚忠に渡した（『孝明』三―一五二頁）。

そして十二月三十日、江戸に帰る間部詮勝を呼び、「宣達書《せんたつしょ》」を与えた。

大樹公（将軍）已下《いか》大老・老中役々にも、何れ蛮夷に於いては叡慮の如く相遠ざけ、前々御国法通り鎖国の良法に引き戻さるべく段、一致の儀聞こしめされ、誠にもって御安心の御事に候、然る上は、いよいよ公武御合体にて何分早く良策を廻らし、先件の通り引き戻

さるべく候、止むを得ざる事情に於いては審《つまび》らかに御氷解あらせられ、方今《ほうこん》のところ御猶予の御事に候、（『孝明』三―一五六頁）

趣旨は先の宸翰と同じである。通商条約調印のやむを得ざる事情はわかったので、それに対する疑念は「氷解」した、鎖国攘夷の意思は変わらないが、それへの復帰はいま暫く猶予する、ということである。その猶予期間であるが、「宣達書」の文案の一つには、三から五年となっている。ただ、その後には七、八から十年と了解されている。

一歩後退せざるを得ず

安政の大獄の開始という幕府の強硬策の前に、天皇は条約調印のやむを得ない事情を了解し、鎖国復帰を猶予せざるを得なかった。以後は、「関東と合体（公武合体）にて早く夷族を遠ざけたき念願のみに候」（安政六年一月十日宸翰、『孝明』三―一六三頁）と表明し、猶予期間をおいて鎖国に復帰するという幕府の「公約」実現を見守るほかなかった。

だが「氷解沙汰書」を得て、条約勅許問題で分裂した朝幕間の意思の不一致を修復した幕府は、反撃に出た。戊午の密勅などの責任を問いはじめ、朝廷に圧力をかけてきた。左大臣近衛忠熙、右大臣鷹司輔熙の辞官《じかん》、前関白鷹司政通、前内大臣三条実万の落飾《らくしょく》（出家すること）となり、さらに青蓮院宮に謹慎、内大臣一条忠香《ただか》以下多数の公卿に謹慎が申し渡された。また、水戸藩に下された戊午の密勅も返納が命じられた。このように、幕府の強硬策の前に朝廷は一歩後退せざるを得なかった。

これは、戊午の密勅を出したことの跳《は》ねかえりともいうべき事態であった。以後は、幕府からは「公武合体」の実を示すことが求められる。他方からは、破約攘夷、鎖国復帰の声が高まってくる。いよいよ尊王攘夷の嵐の渦に天皇は巻きこまれてゆく。

第五章　江戸時代最後の天皇

1　公武合体か尊王攘夷か

強権政治の嵐が吹きまくる

幕府は、弾圧を強化した。安政六年八月には、水戸藩関係者の処分がおこなわれ、前藩主徳川斉昭に国許《くにもと》永蟄居《えいちっきょ》、藩主徳川慶篤に差控《さしひかえ》、一橋家の徳川慶喜《よしのぶ》に隠居・謹慎、水戸藩家老安島《あじま》帯刀《たてわき》に切腹、藩士茅根《ちのね》伊予之介《いよのすけ》、鵜飼《うがい》吉左衛門《きちざえもん》に死罪を申し渡した。九月には梅田雲浜牢死、十月には頼三樹三郎《らいみきさぶろう》、橋本左内、吉田松陰死罪など、まさに大獄であった。また、川路聖謨《としあきら》、岩瀬《いわせ》忠震《ただなり》、永井《ながい》尚志《なおむね》ら、将軍継嗣問題で徳川慶喜を推した一橋派の幕府役人も左遷された。井伊直弼の強権政治の嵐が吹きまくった一年であった。

朝廷に対しては、圧迫を加えるとともに、八月十二日には、天皇に五千両、摂家以下の公家に合計二万両を贈ったり、強圧と懐柔策を交えてきた。

翌安政七（三月十八日に改元し万延元年）年正月には、日米通商条約批准《ひじゅん》のため使節をアメリカに派遣、咸臨丸《かんりんまる》がアメリカに航海したのもこの時である。欧米諸国との条約締結、外交官の来日などがあいつぎ、着々としかも急速に国際社会への仲間入りが進み、鎖国から開国への大転換が外交上は着実に進んだ。

前年の水戸藩関係者の処罰、「戊午の密勅」の返納命令に、水戸藩内は騒然とし不穏な動きが表面化してきた。それが、三月三日の井伊直弼襲撃となった（桜田門外の変）。

幕府専制再建のため反対派を弾圧する強権的政策をとってきた大老井伊直弼が暗殺されたことは、幕府には衝撃的であり、政策転換を余儀なくされた。

皇女、和宮の降嫁問題

井伊直弼横死のあとをうけた老中安藤信正《あんどうのぶまさ》と久世《くぜ》広周《ひろちか》は、強圧政策から和融政策への転換を図った。その目玉となったのが、和宮《かずのみや》降嫁《こうか》問題であった。万延元年四月一日付けで、将軍徳川家茂《いえもち》も年頃（数え十五歳）になったので皇女、和宮（仁孝天皇の皇女、孝明天皇の妹で数え十五歳）との縁組みを朝廷に申し入れてきた。その狙いは、「公武ますます御一和」を国の内外に示すことにあると説明している。公武合体の象徴として、和宮降嫁が図られたのである。

すでに有栖川宮織仁親王《ありすがわのみやたるひと》との婚約ができていたという事情もあり、降嫁問題は難航した。幕府は繰りかえし繰りかえし降嫁を願い出て、ついに孝明天皇も同意せざるをえなかった。

そもそも公武合体は孝明天皇の主張だったので、公武合体のためといわれると反論しにくいこと、そして幕府が、七、八ないし十ヵ年のうちに鎖国に引き戻すことを再度約束し、そのためには公武合体が必要であると説得したことによる。「公武合体で鎖国に引き戻す」、これが朝幕間の当面の合い言葉だった。

さんざんもめたものの、和宮は翌文久元(一八六一)年十月二十日に京都を出発し、十二月十一日に江戸城に入った。翌文久二年二月十一日に、将軍家茂との婚儀がおこなわれた。

天皇、譲位の意思を表明

ごたごたのさいたるものは、「和宮を人質とし、諸侯を厭塞《えんさい》し、天下の人口を塞《ふさ》ぎおき、その後廃帝の沙汰に及ばんとの儀、幕府の内評相違なく候」という噂をめぐってである。幕府は、和宮という人質を楯に諸大名を圧伏し、その上で孝明天皇を廃帝にする計画だ、という噂である。

天皇は激怒した。国論を統一し、天下の総力を結集して諸外国にあたらなければならないので、「公武合体」のため妹の和宮をむりやり降嫁させたにもかかわらず、幕府のこのような情けない振る舞いを聞き、「速やかに譲位、夜逃げすべき」と譲位の意思を表明し、幕府に事の真相を問いただすよう命じた(『孝明』三—七一三〜七一五頁)。

和宮下向に付き従った千種有文《ちぐさありふみ》と岩倉具視は、この件で老中の安藤信正と久世広周に面会

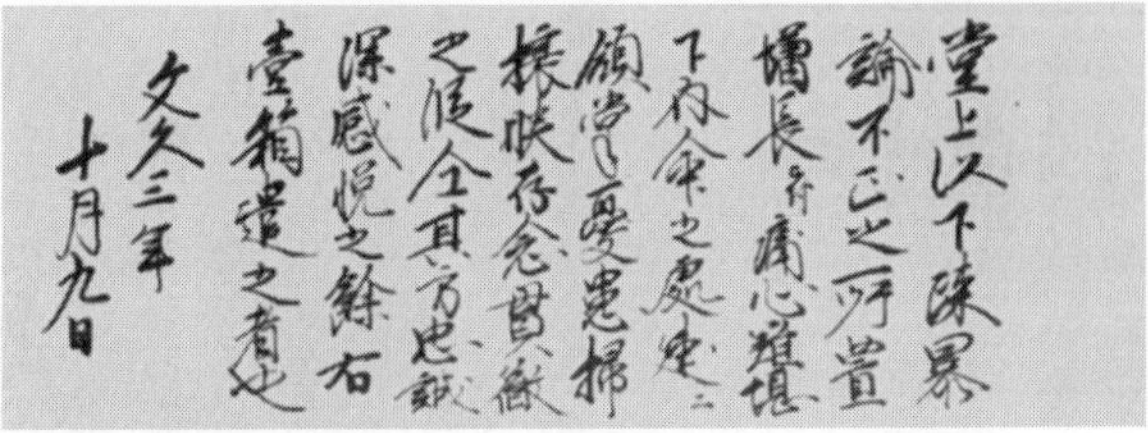

堂上以下陳暴
論不正之所置
増長ニ付痛心難堪
下内命之処速ニ
領掌ニ而憂患掃
攘朕存念貫徹
之段全其方忠誠
深感悦之餘右
壹箱遣之者也
文久三年
十月九日

孝明天皇の御宸翰

し、天皇の命を伝えた。将軍と老中は弁明につとめ、十二月十三日に、将軍徳川家茂は、噂は「讒説《ざんせつ》」であり、「右様の心底これ無し」と記した返答書を、また老中は、噂は「悪意」の者が流したもので、「不臣の心底これ無し」と記した請書《うけしょ》を提出した。天皇が将軍と老中から請書をとるなど、江戸時代には前代未聞である（『孝明』三―七一九〜七二〇頁）。

天皇は、幕府から一札とったことでその鉾を収めた。こうして、公武合体路線はうまくゆくかに見えた。

天皇の肉声が聞こえない

公武合体で猶予期間をおいて鎖国に復帰する、という朝幕間の合意を前提に、この課題を実行できる強力な幕府を作るための幕政改革を迫る公武合体運動と、破約攘夷の実行を迫る尊王攘夷運動が、ともに国論の統一、国内の一致をめざして激しく交錯する。

主張や立場に揺れを繰り返しながら、とくに薩摩藩、長州藩などを中心とした西南雄藩が中央政局に乗り出し、他方で尊王攘夷を唱える下級武士、草莽《そうもう》の志士たちが過激な行動を伴って政治の舞台に登場する。それが文久元（一八六一）年からの政治過程である。

安政五年から万延元年の三年間は、孝明天皇が自身の悩みや弱み、そして怒りまでさらけ出す、そんなナマの声が聞こえてきた。その理由は、宸翰がたくさん書かれていたからである。たんに天皇が書いたということだけではなく、勅書、沙汰書という公的文書ではない、かなり私的な宸翰が多数残っているから、天皇の肉声が聞こえてきた。しかし、文久元年から三年八月ころにかけては、そのような天皇のナマの声はほとんど聞こえてこない。

箱石大氏が調べた、『孝明天皇紀』に収録されている安政三年から慶応二年までの十一年間の孝明天皇宸翰、合計百十五通の年次別の数字を紹介してみよう。

安政三年―　一通
四年―　〇通
五年―四三通
六年―一〇通
万延元年―一三通
文久元年―　二通
二年―　七通

三年―二一通
元治元年―一二通
慶応元年―　一通
二年―　五通

『孝明天皇紀』に収録されたものがすべてとはいえないが、おおよその傾向に誤りはないだろう。安政五年から万延元年までの三年間が、全体の六〇パーセントを占めている。天皇自身の奮闘ぶりが、宸翰の数からも偲ばれる。ところが、文久元年、二年の二年間はわずかに九通に過ぎない。文久三年も、半ば頃まで天皇の肉声を伝える宸翰は乏しい。

そのためこの約二年半は、天皇が何を考えていたのか、またどのように行動したのかを中心に叙述することは難しい。なぜ宸翰が少ないのか、それこそが問われなければならない問題だからである。

実はその間は、天皇の肉声が通らない、天皇の意思が通らない、そういう政治状況にあった。その天皇のナマの声が再び聞こえるようになるのは、文久三年の半ば以降になる。そこで、文久元年から文久三年半ばまでは、全般的な政治の流れと、かすかに聞こえてくる天皇のナマの声とその回復過程を中心に述べてゆきたい。

2 真偽不分明の勅命——公武合体運動と尊攘運動の対立抗争

気宇壮大な「航海遠略策」

いち早く文久期の中央政局に乗り出したのは、長州藩だった。藩主毛利《もうり》慶親《よしちか》（敬親《たかちか》）の命を受けた藩士長井《ながい》雅楽《うた》が、「航海遠略策《こうかいえんりやくさく》」を引っさげて京都に乗りこんできたのが、文久元年五月十二日で、十五日には三条実愛《さねなる》に提出した。その主張は開国論で、皇威を輝かすため、鎖国を止めて海外へ航海の途を開くべきだ、という気宇壮大なものである。開国論という点で天皇・朝廷とは意見が喰い違っている。だが、天皇の命令である勅命を奉じて幕府が諸大名に命じる、そして皇威を海外にふるうという趣旨であったからか、天皇はこれを賞したという。そして、

国の風　吹き起こしても　天津日《あまつひ》を　もとのひかりに　かえすをそまつ

という和歌を毛利敬親に賜った（『孝明』三—六二〇頁）。

長井は江戸に向かい、老中久世広周に「航海遠略策」を提出した。幕府は、公武合体による開国策の推進という趣旨であったことから、この策に賛意を示した。しかし長州藩では、

しだいに尊王攘夷派が台頭し、翌年の文久二年七月には、藩論を尊王攘夷と決定し、尊王攘夷運動の政治的軍事的な中核として活動してゆくことになる。

島津久光の上京

長州藩の藩論の転回にみるように、次第に尊王攘夷論が各藩、各地で台頭してきた。和宮降嫁を、公武合体による幕府権力再強化策であると批判し、かつ十年以内の幕府の滅亡を予言し、公武合体を続ければ、「天朝モ亦《また》幕府ト倶《とも》ニ顚覆《てんぷく》ニ至リ玉ウベシ。鄙語《ひご》ノ所謂《いわゆる》倶斃《ともだお》レニ帰センコト必定ナリ」（「大橋訥菴　政権恢復秘策」『日本思想大系56　幕末政治論集』一九四頁、岩波書店、一九七六年）と喝破《かっぱ》した尊攘派の儒者大橋訥菴《おおはしとつあん》を中心に、公武合体路線を推進した幕府の中心人物である老中安藤信正暗殺計画が練られ、文久二年一月十五日に、水戸藩浪士を中心に安藤を襲った（坂下門外の変）。

土佐藩では、文久二年四月に、開国、公武合体を主張する吉田東洋《よしだとうよう》が、尊王攘夷を唱える武市瑞山《たけちずいざん》派により暗殺され、薩摩藩では、有馬新七《ありましんしち》ら尊王攘夷派が京都所司代を襲撃する計画を練り、京都に集結する動きをみせた。

このような尊王攘夷派の台頭という状況を睨み、四月十日に、薩摩藩主島津《しまづ》茂久の父である島津久光《ひさみつ》が、藩兵千人余をひきいて大坂に入り、十六日に意見書を権大納言近衛《このえ》忠房《ただふさ》に提出し、幕政の改革と尊攘派志士の取り締まりを説いた。島津久光は開国論者であったが、その点には触れず、幕政の改革を建議したので朝廷はこれを受け入れ、勅使に大原重徳《しげとみ》を任命し、島津久光を江戸に随行させ、幕府を強化して鎖国攘夷を実現する、という趣旨に合致したからである。公武合体のもとで国論を一致させ、幕府を強化して鎖国攘夷を実現する、という趣旨に合致したからである。

幕府は、勅使と薩摩藩兵の圧力に屈し、七月に一橋家の徳川慶喜《よしのぶ》を将軍後見職、越前藩主松平慶永《よしなが》を政事総裁職に就任させた。朝廷の指示をうけて幕府人事をおこなうなど、かつてなかったことである。坂下門外の変で老中が再び襲撃され傷つくという事態を前に、幕府には抵抗する力はなかったようだ。

「暴発」を恐れる

即時の攘夷を主張する尊王攘夷派は、坂下門外の変を引きおこし、さらには島津久光の率《そつ》兵《ぺい》上京にのり、京都所司代襲撃などを計画するまでに至った。また、公家としきりに接触し、尊王攘夷論を吹き込んだ。所司代の申し入れもあり、関白が浪士との接触を公家に戒めるほどであった。ちなみに、公家が武家と自由に接触することは、もともと禁止されていた。この状況のなかで、朝廷は島津久光には鎮圧を命じ、さらに京都に着いた毛利定広《さだひろ》にも、「浪士鎮静」を求めた。ただ、尊攘派の唱える尊王も攘夷も、天皇の意思に合致しており、それ故、「浪士勤王の志しをもって蜂起候を、叡慮《えいりよ》を悩ませられ候にてはこれ無く」というように、尊攘派志士の行動の意図には理解を示さざるを得なかった。公武合体による鎖国攘夷で国論統一を図っているため、その「暴発」を恐れたのである。ここに尊王攘夷派の活動が拡大する根拠があった。

朝廷では、「国事御用繋の間、書記御用仰せ付けらる」（『孝明』三―八九四頁）とあるように、政局の複雑化に対応するため、五月十一日に、国事御用書記掛《かかり》を設けた。具体的な職務内容は不詳だが、岩倉具視ら二十五名がこれに任命されたが、そのなかには尊王攘夷派、とくに激派の公家として名高い、三条西季知《さんじょうにしすえとも》、三条実美《さんじょうさねとみ》、東久世通禧《ひがしくぜみちとみ》、四条隆謌《しじょうたかうた》、沢宣嘉《さわのぶよし》の五名が含まれている（後に述べる文久三年八月十八日の政変の直後、京都から長州藩に逃れた七人の公家〈＝七卿落ちという〉のうちの五人である）。なお、朝廷内の国事審議機関として、のちに国事御用掛、国事参政《さんせい》・寄人《よりうど》が設置されるが、これはその第一弾であった。

この国事御用書記掛と天皇の応答のなかに、この文久二年五月頃の天皇の考えがよく示されている。大原重徳を勅使として派遣することに関して、五月十五日に、国事御用書記掛二十四名が連名で、幕府が天皇の求める幕政改革の実行を拒否し、「暴政」を始めたときの天皇の「御決意」を伺いたい、という建白書（『孝明』三―八八六頁）を提出した。最高位でも権中納言正二位クラスの公家たちが、天皇に対して決意のほどを伺いたいなどと申し出るところに、当時の朝廷内部の空気が察せられる。

これに対して天皇は、五月十六日に議奏を通して、幕府に対して「異心」はないし、「徳川を外」にしようという考えもまったくなく、ただただ「皇国一和いたし、万民一同一心に相成り、相ともに攘夷の一事に決し候ように致したき存念」なので、幕府が納得するまで何度でも繰りかえすつもりだし、幕府が拒絶して「暴なる振る舞い」をするはずがない、「関東（幕府）と一つになりて蛮夷を拒絶の積もり」であるから、公家も異論を挟まず協力するように、と回答している。ただ、幕府が「無法の暴乱」を働けば、そのときは「関東と隔絶」する決心である、ともつけ加えている（『孝明』三―八九二～八九三頁）。

天皇は、あくまでも公武合体で幕府を強化し鎖国攘夷を実現する、という公武合体路線の維持を表明していることを確認しなければならない。この天皇の考えかたは、以後も一貫していた。しかし、尊王攘夷の高声にかき消されてしまう。

尊攘派の圧力強まる

公武合体派による幕政改革の動きが進む一方で、尊攘派が勢力を強めてくる。朝廷を動かす尊攘派の力、圧力がジワジワと強まってきた。その兆候を示す出来事がいくつもみられる。

文久二年二月の和宮と徳川家茂との婚儀が済むと、幕府はこれに関係した関白、両役を中心とした公家と女官たち十七人に加増する意向を伝えてきた。関白九条尚忠《ひさただ》に五百俵、武家伝奏広橋光成《ひろはしみつしげ》に百石、前議奏久我《こが》建通《たけみち》に三百石、少将掌侍今城《しょうしいまき》重子《しげこ》と右衛門掌侍堀川紀子《ほりかわもとこ》に百石の加増などである。その理由は、公武合体を象徴する和宮降嫁に尽力したことへの恩賞であることは明白であった。この幕府の措置に対して、六月二十一日に、関白九条と和宮の外戚《がいせき》橋本実麗《さねあきら》（橋本については当人の判断に任せるという指示）を除いて辞退させた（『孝明』四—一〇頁以下）。公武合体に尽力したので加増、というのは尊攘派に許せることではなかった。

安政の大獄で処罰を受けた公家の復権と、幕府に協力した者への圧迫という動きが出てくる。五月二十九日に、かつて落飾させられた鷹司政通《まさみち》、近衛忠熈《ただひろ》、鷹司輔熈《すけひろ》に復飾《ふくしょく》（一度髪をおろして僧となった者が俗人となること）を命じ、その同じ日に幕府に協力した関白九条尚忠には辞職が勧告された。辞職勧告の理由は、「重職の身に万々一不慮の事」があってはというもので、関白九条の身辺には生命を脅かされる状況が生まれていた（『孝明』三—九二七頁）。六月二十三日に九条は関白を辞職し、閏八月には落飾、重慎《じゅうつつし》みの処罰をうけ、ついで領地の九条村へ退去せざるをえなかった。

また、幕府から追放処分を受けた鷹司家家司三国大学、同小林良典の追放赦免《しゃめん》、処刑された吉田松陰、橋本左内、頼三樹三郎らの死罪の赦免、墓石取り建ての許可など、四十一名の復権について幕府と交渉し、十一月には大赦令《たいしゃれい》が出され復権させた。

さらに、京都所司代の酒井忠義《さかいただあき》も罷免された。酒井は、天皇をはじめ公武合体派の公家に信頼された人物だが、尊攘派からは非難の的となっていた。後任には丹後宮津《たんごみやづ》藩主松平《まつだいら》（本庄）宗秀《むねひで》を選任したが、公家の間から「奸佞《かんねい》の臣」という理由で忌避の声が上がり、幕府は越後《えちご》長岡藩主牧野《まきの》忠恭《ただゆき》に代えざるをえなかった。朝幕融和に尽力した酒井を罷免に追い込み、後任人事に介入したのは尊攘派の圧力だろう。

幕府に協力、同調する者を攻撃し、幕府に弾圧された者の復権をはかるというかたちで、しだいしだいに尊攘派の力が強化されていった。

広がるギャップ

尊攘派の攻撃は、和宮降嫁を推進した公武合体派の中心勢力を朝廷から排除する方向へ進み、それが「四奸二嬪《よんかんにひん》」排斥運動として現れた。三奸とも十奸ともいうが、一般に四奸と呼ばれている。ちなみに、四奸とは、内大臣久我建通、左近衛権中将岩倉具視、左近衛権少将千種有文《ちぐさありふみ》、中務大輔富小路敬直《とみのこうじひろなお》をさし、二嬪とは、女官の少将掌侍今城重子と右衛門掌侍堀川紀子をさす。

七月頃には、所司代とぐるになって幕府に媚びへつらった「不忠」「奸悪」という趣旨の攻撃が、朝廷内外から激しくおこなわれたようである。八月十六日には、尊攘派の公家十三人から連名で、久我以下に対する厳罰を求める願書（『孝明』四―九三頁）が提出されるに至った。この状況について、天皇は七月下旬の宸翰で憂慮を表明している。

尊攘派の攻撃は容易ならざる「暴論」で「冤罪《えんざい》」である、尊攘派の権威が高く「善悪不明白の処置」である、薩摩藩や長州藩に命じて退治したいが、薩長も「同類」ではないのか、

「浪人に加担の堂上《どうじょう》」もいるし、事態が錯綜して判断がつかない、この騒々しい時勢を嘆くほかない、と複雑な情勢に右往左往している。とくに、「浪徒の権威盛んにては朝廷の威光降り、一等心配候」と書いている（『孝明』四―八四～八五頁）。尊攘派の志士の圧力で朝廷の方針が左右されるようでは、尊攘派志士の権威は高くなるが、朝廷の権威は下がってしまう、と心配している。

勤王、尊王の声が高まれば高まるほど、天皇・朝廷の権威は高まる。その点ではピークに達しようとしている。しかし、現実の天皇・朝廷は尊攘派に圧倒され左右されつつあり、その権威は低下している、という重要な認識なのである。生身の孝明という天皇の権威は日増しに低下しているのに、尊攘派にかつがれた天皇という器、称号の権威は天にも昇るほど高まっていった。生身の孝明天皇の意思が通らないという政治状況が強まると共に、生身の天皇と天皇という器・称号とのギャップは広がり、天皇の憂慮・危惧はさらに強まってゆく。

攻撃はたんに口頭や文書にとどまらず、実際のテロも頻発した。七月二十日に、前関白九条尚忠の家司島田左近が、暗殺されて四条河原に首をさらされた。このような暴力を伴う攻撃を前にしては天皇の憂慮の甲斐もなく、岩倉、千種、富小路らは蟄居、落飾を命じられ、大久保利謙氏『岩倉具視』（一〇四～一一三頁、中公新書、一九七三年）が詳細に描くように、岩倉は生命の危機をかいくぐり、岩倉村に潜居《せんきょ》するに至った。関白九条尚忠辞職のときと同様に、公家が尊攘派の志士に殺傷（「浪士暴発」）されては朝廷の権威が低下すると恐れたゆえの措置であろう。

攘夷を督促するため勅使を派遣

朝幕の間で、鎖国への復帰は七、八年から十年後という合意があったことはすでに述べたとおりである。尊攘派はこれを反故《ほご》にして、即刻攘夷、破約攘夷——通商条約などを破棄し攘夷を断行するの意——を迫る動きを強めた。朝廷では幕府に攘夷を督促する勅使を派遣することを決定し、勅使には尊攘激派である三条実美《さねとみ》と姉小路公知《あねがこうじきんとも》が選ばれた。尊攘派の圧力で事態が推移していることは明白である。

しかし、勅使に持たせる勅書の内容、文面をめぐって、公武合体派と尊攘派の間で激しいやり取りがあったようだ。文久二年十月八日に勅書の文面が決まったが、攘夷期限を決めて早く朝廷に報告すること、攘夷の具体的策略は幕府に任せるので、決定しだいこれも朝廷に報告すること、という内容に落ちついた（『孝明』四—一八八頁）。即刻攘夷でも、攘夷策の指示でもなく、攘夷を督促するという趣旨であった。公武合体派と尊攘派の妥協の産物であり、尊攘派には不満の残るものだった。

なお、長州藩からの建言もあり、攘夷断行にそなえて京都を警衛するため、親兵《しんぺい》の創設を求める沙汰書も勅使に持たせた。大名から十万石につき一人を選抜し、それで親兵を創設するというプランである。

土佐藩などの兵に付き添われ、勅使三条と姉小路が十月二十八日に京都を出発した。十一月二十七日三条らは江戸城に登城し、将軍徳川家茂に勅書を伝達した。将軍より、勅書を受け入れ、攘夷の策略などについて、来年早々上京して申し上げる、という返答書（『孝明』四―三〇五頁）が渡された。天皇の勅命を奉《ほう》じて攘夷を実行する奉勅攘夷《ほうちょくじょうい》のはじまりであり、いよいよ将軍の上洛が決定された。

天皇・朝廷の権威がピークに

「第一章　3　朝幕関係の現実」で、朝幕の関係の形式と内実の差異について指摘しておいた。幕末に至り、とくに文久二年から三年にかけての天皇・朝廷権威の急上昇とともに、現実の朝幕関係の形式が内実にそぐわなくなり、実態に即した変更を迫られた。そのいくつかを紹介しておこう。

第一章で『幕末の宮廷』から紹介した、勅使への幕府の応対を思い出してほしい。文久二年十月に派遣された勅使三条実美と姉小路公知に対しては、登城した勅使を将軍が出迎え、みずから大広間（正式の対面所）へ案内し、将軍は中段第一席に座り、勅使は勅書を奉じて上段の席についている（『孝明』四―一九五頁）。天皇と将軍の上下関係は視覚的にも明示された。

同年九月十四日に、武家伝奏に任命された中山忠能《ただやす》は、従来は武家伝奏就任にあたり幕府に対して起請文《きしょうもん》を提出したが、それでは幕府に対していいたいことがいえなくなるという理由で辞退した（『孝明』四―一五〇頁）。そこで幕府と交渉し、十二月に起請文の提出を停止した。その十二月には、「君臣名分礼節など正さるべきのこと」という、天皇と将軍の君臣関係を明確にするという理由で、老中奉書《ほうしょ》その他の文書の書式の変更を求めた。

十一月には、京都町奉行や禁裏付が路上で公家に会ったさいの礼儀を改めさせている。また十二月には、関白と武家伝奏の人事はこれまで幕府の事前の承認を必要としたが、これを朝廷が決定し幕府に報告するという方式に改めた。

実質のさまざまな面で、幕府上位の礼儀、慣行がおこなわれていたが、天皇と将軍の君臣関係の現実化をうけて、その明確化という趣旨で、天皇・朝廷上位の儀礼への変更がおこなわれた。これは、尊攘派の強い要求であったろうが、公武合体派も年来の願望でもあったことから、朝廷として一致して要求したのであろう。朝幕関係はすっかり変貌してしまった。幕府との関係で、天皇・朝廷の権威は名実ともにピークに達しようとしていた。

尊攘派に乗っ取られた朝廷

公武合体派も、安政六年二月に謹慎処分をうけて青蓮院《しょうれんいん》から出ていた、孝明天皇の片腕ともいうべき入道尊融親王を青蓮院に帰院させ、「国事扶助」を命じて政治的に復権させた。青蓮院宮は、朝廷内の公武合体派の首領として活動する。なお、翌文久三年正月には還俗《げんぞく》を命じられ、中川宮（朝彦親王）と称することになる。

家近良樹氏「幕末期の朝廷に新設された国事審議機関について」（『日本歴史』第四四八号、一九八五年）によると（以下の記述は、多く家近論文による）、この青蓮院宮を中心として、攘夷を始めとする重要国政を審議する機関としての国事御用掛が、文久二年十二月に反尊攘派上級公家主体に設けられた。三条実美ら勅使の勅書の内容と同様に、公武合体派と尊攘派が朝廷の主導権をめぐって激しい綱引きをしているところである。

国事御用掛には尊攘派公家も入っていたが少数派だったため、尊攘派の激しい巻きかえしがはかられた。そのなかで、左大臣一条忠香《ただか》、右大臣二条斉敬《なりゆき》、青蓮院宮などが辞職願いを提出するに至った（ただし、辞職は認められなかった）。また、誹謗中傷《ひぼうちゅうしょう》の謀略ビラと「耳の上ようなる物」（『孝明』四―三五〇頁）を門前に投げ込まれた議奏の中山忠能と三条実愛《さねなる》が、辞職を願い出て許された。尊攘派のアノ手コノ手の嫌がらせと圧迫に、公武合体派は後退を余儀なくされた。文久三年二月十一日には、長州藩の久坂玄瑞《くさかげんずい》らが関白邸に押しかけ、国事御用掛の「精選」、すなわち人員減少を要求し、その日の午後には尊攘派の公家も関白邸に押しかけた。再び公家群参、公家一揆である。その結果、新たに国事参政《さんせい》、国事寄人《よりうど》という職が設けられ、関白邸に押しかけた十四名の尊攘派の公家が任命された。

しかも、二月二十日には、「草莽微賤《そうもうびせん》の者」「土民」が学習院に意見書、建白書を提出することが正式に認められ、かつ学習院出仕《しゅつし》という形の登用すらおこなわれた。テロが多いのは、言路が塞がっているからだという理由である。草莽の志士と尊攘派の公家が公然と結合し、尊王攘夷論はより過激なものとなっていった。新たに設けられた国事参政、国事寄人、学習院出仕の尊攘激派により朝議は左右されるようになり、いわば朝廷が尊攘派に乗っとられた形になった。

もはや従来の〈関白―両役〉という朝政機構では対処できない情勢を迎えていたこと、草莽の志士までも巻き込んだ無秩序な議論が朝廷内で横行し、それへの規制・統制が求められたこと、このような事情に対応し朝廷内の評議の秩序化を意図した国事審議機関の創設であった。ところが、この新たな公的審議機関が尊攘派に乗っとられ、朝議が合法的に左右されるという事態に立ち至ったのである。

安政五年の条約勅許問題のさいには、孝明天皇は朝廷内の議論を大衆化させ、それにより自身の意見を貫徹させようとした。ところが、朝廷内における議論の大衆化は天皇の思惑を越え、天皇の統制のきかない段階にまで進んでしまった。天皇自身がはかった「議論の大衆化」の逆襲、というべきであろうか。

大政委任をめぐる攻防

将軍徳川家茂の上洛に先だって、将軍後見職の徳川慶喜と政事総裁職松平慶永が上京した。朝廷は、慶喜に攘夷の策略と攘夷の期限を申しあげるようにと命じ、攘夷断行への圧力を加えている。二月二十一日に、慶喜と慶永は前関白近衛忠煕、関白鷹司輔煕、中川宮（青蓮院宮）と会談している。その場で慶喜は、最近は幕府と朝廷の両方から命令が出る、「政令二途より出る」という分裂状態なので、朝廷が大政委任を表明するか将軍が大政奉還するかしないと天下は治まらない、と持ちかけている（『孝明』四―四六〇頁）。慶喜に大政奉還の意思があったとは思えないが、関白に二者択一を迫っている。

三月五日に将軍名代として参内した慶喜は、「これ迄もすべて将軍へ御委任の儀には候えども、猶また御委任なし下され候儀に御座候わば、天下へ号令を下し、外夷を掃除仕りたく」と、大政委任の確認を天皇に迫った（『孝明』四―四五七〜四五八頁）。慶喜はこの日徹夜でふんばった。天皇からは、「大樹（将軍）すべてこれ迄とおりに委任これ有る」と、大政委任の確認をとった。しかし、関白から渡された文書には、「征夷将軍の儀、すべてこれ迄とおり御委任遊ばるべく候、攘夷の儀精々忠節を尽くすべきこと」と記され、委任の内容は「征夷将軍」、すなわち攘夷のことに限られていた。

三月七日に参内した将軍徳川家茂が、「これ迄とおり御委任」を要請したのに対しても、「征夷将軍の儀、これ迄とおり御委任」と回答があり、幕府の求めた大政委任は確認されなかった。原口清氏「近代天皇制成立の政治的背景」（遠山茂樹編『近代天皇制の成立』岩波書店、一九八七年）によれば、天皇には、委任の内容を「征夷将軍」と「国事」（庶政、大政）に分ける考えはなかったという。天皇は、庶政委任、すなわち大政委任という意見であったが、最終的にはその意見が通らなかったのである。十八世紀末には明確化された大政委任という江戸時代の朝幕の政治的関係、枠組みは、風前のともしびとなってしまった。原口氏は、国政と将軍職との分離の開始と評価されている。

文久三年十一月（日付不詳）に天皇が島津久光に宛てた密勅（『孝明』四―九二九頁以下）には、当時の朝廷には、大政委任説と王政復古説があり、尊攘派は後者を主張していたと書かれている。また、関白の話は、天皇の御前とそこを下がってからとまったく変わってしまい、「両舌」だとも書いている。大政委任をめぐるこの動きは、その両説の綱引きを示すものだろう。

長州藩が攘夷を決行

江戸に帰ることを許されず、攘夷期日の明確化を迫られた将軍家茂は、とうとう攘夷期日を五月十日と回答した。幕府にその意思がないにもかかわらず、五月十日はやってくる。長州藩はたまたま五月十日に下関を通過したアメリカ商船を砲撃、その後もフランス、オランダの軍艦を砲撃した。これは、六月にアメリカとフランスの軍艦に手厳しい報復をうけた。また、薩摩藩も、七月二日に鹿児島湾に入ったイギリス軍艦と砲撃戦をおこなった（薩英戦争）。

にもかかわらず、江戸では老中小笠原長行《ながみち》が、生麦事件の賠償金を支払うなどの攘夷とあいいれない行動をとり、それだけではなく、京都から尊攘派を一掃するため、兵を率いて大坂に上陸し、将軍により阻止されるという事件までおこしている。

この間天皇は、三月十一日に賀茂社に行幸《ぎょうこう》――寛永三（一六二六）年に後水尾《ごみずのお》天皇が徳川秀忠・家光に会うために二条城に行幸して以来の行幸――、四月十一日には石清水八幡宮にも行幸し、攘夷祈願をおこなった。さらに、攘夷期日の五月十日には、「皇国いったん黒土に成り候とも、開港交易は決して好まず候」、たとえ焦土となろうとも開港・貿易は認めない、という過激な宸翰（『孝明』四―六一二頁）が出されている。六月一日には攘夷を決行した長州藩に対し、「叡感斜《えいかんなな》めならず」「皇国の武威を海外に輝かすべし」と称揚した。さらに六月六日には、傍観している藩があり宸襟《しんきん》を悩ましているので、互いに応援しあって攘夷をおこなうようにという沙汰書（『孝明』四―六九一頁）を出し、攘夷の貫徹を命じている。攘夷期限が過ぎたのにまだ貿易がおこなわれているのは遺憾なので、すみやかに破約するようにとも命じている。これらはすべて、孝明天皇の勅書として出されていることを確認しなければならない。

この後は、尊攘派による天皇親征が構想され、具体化されてゆく。八月十三日、神武天皇陵と春日社に攘夷を祈願するため大和に行幸し、ついで親征の軍議をおこなうことを布告した。天皇自らが兵権を握り、攘夷戦争を指揮するという事態に立ち至ろうとしたのである。遠山茂樹氏は、攘夷親征により天皇が大名の指揮権を握り、さらに王政復古を実現しようという尊攘派のねらいだと理解されている（『明治維新と天皇』四五頁）。

この大和行幸計画も、天皇の許可のもと――後述のように納得していたわけではないが――に布告されたことはいうまでもない。

天皇の逆襲

だが、突如八月十八日に大和行幸が中止となり、尊攘派の公家と長州藩兵が朝廷から追放されるという八・一八政変と呼ばれるクーデターがおこった。尊攘派を排除するために、朝廷内の天皇、中川宮、公武合体派の少数の公家と、京都守護職松平容保《まつだいらかたもり》の会津藩、薩摩藩が組んだ政変であった。この政変についての最新の研究として原口清氏「文久三年八月一八日政変に関する一考察」（明治維新史学会編『幕藩権力と明治維新』吉川弘文館、一九九二年）があり、孝明天皇の果たした役割を重視されている。

尊攘派の志士と尊攘激派の公家に乗っ取られ、天皇の意向も通りにくくなった朝廷の現状に深刻な危機感を抱いた天皇は、中川宮や公武合体派の公家と極秘裡に連絡を取りあい、尊攘派排除のため薩摩藩の島津久光《ひさみつ》の引き出しをはかった。文久三年四月二十二日に中川宮に送った宸翰に、「暴論の堂上、きと目のあき候様いたさねばとてもともならず」と、暴論の公家の目を醒まし、国事参政・寄人を廃止しなければ、「とてもとても国乱の基」なので、そのために島津久光を引きだそうと記している（『孝明』四―五九三頁）。

五月二十九日の島津久光あての宸翰（『孝明』四―六七五頁）には、朝廷内部の状況が記されている。まず、現状は「攘夷の存意はいささかも相立たず、方今《ほうこん》天下治乱の堺」にあり、「朕《ちん》存意は少しも貫徹せず」「すべて下威盛ん」な状態であるという。「下威」が強くて天皇の意向が少しも通らないというのである。同日に中川宮にあてた宸翰には、「毛頭予好まず候えども、とてもとても申し条立たざる故、この上はふんふんという外《ほか》致し方これ無く候」と書いている（『孝明』四―六七六頁）。

納得できなくても、天皇の意見はまったく通らないのだから、ただ「ふんふん」とうなずくしかないという、天皇がイエスマンに陥ってしまったまさに末期的症状である。大和行幸、攘夷親征も「ふんふん」とうなずいて了承したのだろうか。生身の孝明天皇から抜けた器としての天皇が、尊攘派にかつがれてひとり歩きしている。生身の孝明天皇の叡慮、勅書ではなく、尊攘派の主張をそそぎ込んだ器としての天皇の叡慮、勅書が出されてきたというのである。

この局面の打開を薩摩藩島津久光らに託した結果が、八・一八政変である。

真勅か、偽勅か

政変直後に、右大臣二条斉敬、中川宮、前関白近衛忠熙にあて、尊攘派の厳罰を指示した孝明天皇の宸翰がある（『孝明』四―八四五～八四六頁）。

三条（実美）初め暴烈《ぼうれつ》の所置《しょち》深く痛心の次第、いささかも朕の了簡《りょうけん》採用せず、その上言上もなく浪士輩と申し合わせ、勝手次第の所置多端、表には朝威を相立て候などと申し候えども、真実朕の趣意相立たず、誠に我儘《わがまま》下より出る叡慮のみ、いささかも朕の存意貫徹せず、実に取り退け《の》たき段、かねがね各々へ申し聞かせおり候ところ、（中略）三条初め取り退け、実に国家のため幸福、朕の趣意相立ち候ことと深く悦《よろこ》びいり候こと、

尊攘激派の三条実美らの「暴烈」に心を痛めていた、かれらは天皇の意見をまったく採用せず、草莽の志士と相談して勝手に多くのことを専断してきた、朝廷の威光を高めるなどといっているが、天皇の考えは貫けず、天皇の意思として出てくるのは「下より出る叡慮のみ」で、天皇の考えは貫けない、三条実美らを排除したいとかねてから考えていたが、今回それが実現し、国家にとって幸福であるし、天皇の考えが通ったことを深く喜んでいる、という趣旨である。

天皇の意見は朝議で通らず、勅書、沙汰書などのかたちで表に出てきた天皇の叡慮は、「下より出る叡慮」、すなわち、三条ら尊攘激派公家と草莽の志士から出た「叡慮」だった、と語っている。その延長線上に八月二十六日の勅書がある。天皇は、京都守護職松平容保以下の在京諸藩主を御所に招き、つぎのような宸筆の勅書を見せた（『孝明』四―八四九頁）。

七卿落図（高知県・青山文庫所蔵）

これ迄はかれこれ真偽不分明の儀これ有り候えども、去る十八日以後申し出で候儀は、真実の朕の存意に候あいだ、この辺諸藩一同心得違いこれなき様の事、

八月十八日の政変以前の勅書は、真勅であるか偽勅であるかはっきりしないところがあるが、以後の勅書は真勅なので心得違いのないように、という趣旨である。「ふんふん」とうなずいただけとはいえ、天皇はうなずいたのであるから、八・一八以前の勅書も正式の手続きを踏んだもので、その意味では疑いのない真勅である。しかし、天皇の意見を採用しない「下より出る叡慮のみ」であった。偽勅と言いきれない苦しい言い訳が、「真偽不分明」という表現になった（前掲遠山茂樹

氏『明治維新と天皇』四六～五〇頁）。

勅書を出す方はそうでも、受ける側はともに叡慮の記された勅書である。このため、勅書には真偽がある、ということになる。どれが真勅でどれが偽勅なのか。これでは、勅書の信頼性は薄れ、勅書の権威、すなわち孝明天皇・朝廷の権威の失墜につながる。

三条実美ら尊攘激派の公家七人は京都を脱出して長州藩に逃れ（七卿落ち）、残る激派公家を処罰し、尊攘派の拠点であり朝議を「専断」した国事参政・寄人を廃止し、尊攘派の草莽の志士や諸藩士と公家の接触を禁じ、公武合体派の徳川慶喜、松平容保、松平慶永、山内《やまうち》豊信《とよしげ》、伊達《だて》宗城《むねなり》、島津久光を新設の朝議参予に任命した。

朝廷の朝政機構を再編強化することによって朝廷内の秩序・統制を回復し、「すべて朕の座前においての評決に相成る」（文久三年十一月島津久光宛の密勅、『孝明』四—九三一頁）というように天皇の叡慮が貫徹する態勢ができあがったかにみえた。だが、尊攘派の排除に公武合体派の力を借りたことは、今度は公武合体派の跋扈《ばっこ》を許すことになった。

つぎには「非義の勅命（書）」が出されることになる。

3　「非義」の勅命と孝明天皇の死

攘夷の緩和を公言

八・一八政変以後の政局については、原口清氏「近代天皇制成立の政治的背景」（前出）や遠山茂樹氏『明治維新と天皇』（前出）などの研究を前提に孝明天皇の動向を追ってゆく。

孝明天皇の攘夷主義に変更はない。攘夷を約束したにもかかわらず幕府が因循《いんじゅん》して実行しないので、九月に、攘夷を督促する勅使として有栖川宮熾仁親王《ありすがわのみやたるひと》の派遣を決めたことによく示されている（ただし、幕府が横浜鎖港《さこう》交渉を開始したことを理由に中止した）。しかし、重大な変化の兆しが現われてきた。

島津久光は、十月十五日に、「朝礼夕改御政令の軽く出候」状態を改めるため、「朝廷御根《こん》軸《じく》相すわり候」ことが急務であり、「永世不抜の御基本を立てる」ために、諸侯を上京させ、「天下の公議」を採用して国家の基本方針を決定することが重要だという趣旨の意見書（『孝明』四—八九二〜八九三頁）を提出した。これをうけてであろうか、十一月二日に天皇は、島津久光に二十一ヵ条にわたる意見を問う密勅（『孝明』四—九二九頁以下）を与えた。そのなかに、その時点での天皇の基本的政治姿勢を示す内容が含まれている。

まず攘夷について、「年久しきの治世、武備不充実に候ては無理の戦争に相成り、真実皇国の為とも存ぜられず」と、現在の軍備状態で攘夷戦争をすることに疑念を表明している。これは、慶応元（一八六五）年十月に、通商条約を勅許し鎖国攘夷を捨てる伏線である。また、大政委任か王政復古かという問題について、「何《いず》れにも大樹（将軍）へ委任の所存」「どこまでも公武手を引き、和熟の治国《ちこく》に致したく候」と、どこまでも公武合体、大政委任でゆくと言明し、「深く心得貫いたく候」と協力を要求している。攘夷の緩和と公武合体・大政委任の方針が打ち出されている。

この方針が公にされたのが、文久四年（改元があり元治《げんじ》元年）一月二十一日に参内した将軍徳川家茂に与えられた宸筆の勅書である（『孝明』五―一二〇頁）。「汝は朕が赤子《せきし》、朕汝を愛すること子の如し、汝朕を親しむこと父の如くせよ、その親睦の厚薄、天下挽回の成否に関係す」と、父子の如き睦まじい関係を保つことが「天下挽回」の鍵だとまで記し、公武合体を強調している。そして、「醜夷《しゅうい》征服は国家の大典」ではあるが、「無謀の征夷は実に朕が好む所に非ず」と記し、「無謀」な攘夷には反対だと攘夷の緩和を公言した。それまでの天皇の攘夷主義からは大きく後退した。

なお、この勅書の文面があまりに従来の方針と異なるので、「偽勅」の噂がでた。勅書の権威が揺らいでいる証拠である。天皇が作った文面でないことは天皇も内々認めており、あくまでも「真実」と言い張るといっているが、中川宮が薩摩藩士高崎左太郎に作らせたものらしい（『孝明』五―一二二頁）。公武合体派の影響力のもとで勅書が作成されたことは明らかである。ただ、公武合体・大政委任、攘夷の緩和は天皇の意向でもあったことは、すでに指摘したとおりである。

幕府べったりの姿勢

朝廷に設けられた参予会議は、幕府の権力回復運動と参予諸侯間の対立により分解してしまう。その結果、京都を軍事的、政治的に制圧したのが、一橋家の徳川慶喜と京都守護職の会津藩主松平容保と京都所司代の桑名藩主松平定敬《さだあき》であった。その頭文字をとって一会桑政権と呼んでいる。孝明天皇を中心とする朝廷首脳部は、この一会桑勢力に依存の度合を強めてゆき、べったりという表現がふさわしい姿勢になってゆく。

元治元年四月二十日に、幕府に勅書（『孝明』五—一四八頁）を出し、「国家の大政大議は奏聞《そうもん》を遂ぐべく事」という但し書きはあるものの、「別段の聖慮をもって先だって幕府へ一切御委任遊ばれ候こと故、以来政令一途に出」と、一切委任を表明した。同時に与えた別紙にも、当時外交上の焦点となっていた横浜鎖港交渉の成功を求めてはいるが、「無謀の攘夷はもちろん致すまじく事」と、強硬策を否定し、当時最大の問題であった長州藩の処分についても、「一切朝廷より御差図は遊ばされず候あいだ、御委任の廉《かど》をもって十分見込みの通り処置致すべく候事」と、白紙全面委任している。この委任の件は、六月にも再度確認された。

このような政治情勢のなか、尊王攘夷の旗をかかげる長州藩は、勢力回復のため三家老が藩兵を率いて上京し、鳥羽・伏見、さらには、御所の南の堺町御門、西の蛤《はまぐりご》御門《もん》近辺で幕府軍と衝突し、敗北した（禁門《きんもん》の変）。幕府の要請をうけた朝廷は、長州藩追討令をだし、幕府は西国諸藩に出兵を命じた（第一次幕長戦争、第一次征長戦争という）。実際の戦闘はおこなわれず、長州藩が恭順の意を表し、禁門の変の責任をとって三家老に切腹を命じて終わった。

朝廷では、八・一八政変以後、尊攘激派は排除されたが、尊攘派ないしそのシンパの公家、および幕府べったりの天皇以下の朝廷首脳に批判的な公家はなお存在し、政変で処罰された公家の復権をはかっていた。朝廷は、禁門の変直後にも、長州藩に内応したという疑いで、有栖川宮幟仁《たかひと》・同熾仁《たるひと》親王、前関白鷹司輔熙、前大納言中山忠能など十七人の公家を処罰した。八・一八政変直後と禁門の変直後の二度にわたり、尊攘派や朝廷首脳部に対する批判派の処罰がおこなわれた。これにより、原口清氏のいう、天皇、関白二条斉敬《なりゆき》、国事扶助の朝彦親王（中川宮）を中心とした「朝廷内寡頭支配体制」ができあがった。

たしかに、天皇の意思を妨げたり、天皇の納得できないことまで承認を強要する、朝廷の秩序を乱すような公家勢力は減った。その点では、天皇の叡慮が通りやすくはなった。しかし、公武合体派のバネと尊攘派のバネの対立抗争、とくに朝廷外の尊王攘夷運動とも結びついた尊攘激派公家の強力なバネにより、幕府との力関係を逆転させてきたのが現実の政治過程であった。その尊攘派のバネ、そのパワーを切り落としてしまった朝廷に、そして天皇にかつての政治力は失われてしまった。ますます、一会桑政権に、そして権力回復路線をとる幕府にべったりとした姿勢を深めざるをえなくなった。

遵奉されない勅命

慶応元（一八六五）年九月、イギリス、アメリカ、フランス、オランダ四ヵ国の代表団を乗せた連合艦隊が、兵庫先期開港、条約勅許交渉のため兵庫沖に来航した。強烈な軍事的威圧である。幕府は、戦争になれば「天子をも外夷にはかまわずなでごろしに相成り」（『孝明』五―六六〇頁）という事態もあると「脅し」をまじえ、開国通商による富国をはかるため、通商条約を勅許して欲しいと願い出た。すでに攘夷緩和の方針であり、四ヵ国の軍事的圧力のもとでもあり、尊攘派を切り捨てた後の孝明天皇にもはや踏んばる力はなかった。十月五日に、

条約の儀、御許容在《あ》らさせられ候あいだ、至当の処置致すべく事、

という勅書（『孝明』五―六六二頁）が出された。まさに「万人仰天」（『孝明』五―六七〇頁）である。かの頑固ともいうべき、そしてそれにより存在を際立たせていた攘夷主義者の孝明天皇が、ついに通商条約を勅許してしまった。鎖国攘夷主義者の転向である。天皇に残るものはもはや何もない。天皇が幕末政治史上にもっていた、積極的な存在意義は失われたに等しい。宮地正人氏『天皇制の政治史的研究』（前出）がいうように、孝明天皇は政治生命を断ち、「魂を喪失した人間のごとく、その影を薄く」（一〇三頁）していった。

孝明天皇は、鎖国攘夷を願望としては依然堅持していたかもしれない。しかし、その主張を貫くには、八・一八クーデター、および禁門の変後に尊攘派公家を大量に処罰したため、朝廷内に天皇の鎖国攘夷主義を支える基盤・力が弱体化していたこと、頼みの島津他の有力大名も開国論であること、しかも四国連合艦隊が兵庫沖に来航するという強烈な軍事的威圧の前に、鎖国攘夷など問題にならないどころか、天皇・朝廷の存続すら危うくする危険性のあることを悟らざるをえなかったのだろう。

それより早く、幕府は長州藩を再度討伐し、幕府権力の回復をはかることを意図し、朝廷に追討の勅許を迫った。第一次幕長戦争のときと異なり、薩摩藩はこれに反対し、逆に長州藩と連携する動きを見せた。幕府の専制回復の意図、財政難による諸大名の反対論、内戦が外国の介入を招く危険性などの判断から、薩摩藩の大久保一蔵（利通）らが画策したとされる。ところが、孝明天皇と朝廷は、九月二十一日に幕府に長州追討（第二次幕長戦争、第二次征長戦争）の勅許を与えたのである。

大久保一蔵は、慶応元年九月二十三日の西郷吉之助（隆盛）あての著名な手紙（『日本思想大系56　幕末政治論集』四三一頁）に、

もし朝廷これを許し給い候わば、非義の勅命にて、朝廷の大事を思い、列藩一人も奉じ候わず、至当の筋を得、天下万人御尤もと存じ奉り候てこそ、勅命と申すべく候えば、非義

勅命は勅命にあらず候ゆえ、奉ずべからざる所以《ゆえん》に御座候。（中略）只今衆人の怨み幕府に帰し候ところ、すなわち朝廷に背き候よう相成り候えば、幕府の難を御買いなされ候道理に御座候。

と書いた。長州追討の勅命は、非義の勅命だという。なぜならば、天下万人がもっともだと納得できる、道理にかなった勅命こそが勅命であり、そうではない勅命は非義の勅命で、従う必要はないというのである。とうとう非義の勅命と非難され、遵奉《じゅんぽう》されない勅命を出すにまで至ってしまったのである。孝明天皇と朝廷の権威は、落ちるところまで落ちたというべきであろう。

裸の王様

慶応二年六月に、第二次幕長戦争が始まった。七月二十日には将軍徳川家茂が亡くなり、九州方面の戦闘では幕府側が敗北した。広島藩主、岡山藩主、阿波藩主から戦争中止の意見書が出され、薩摩藩からは、停戦と政体変革を求める意見書が朝廷に提出された。

にもかかわらず、八月四日に天皇は、徳川慶喜の意見をいれて、「解兵《かいへい》の儀宜《よろ》しからず」「長州解兵何国までも御不承知」と停戦に反対し（『孝明』五―八〇二頁）、ついで、徳川宗家を相続した徳川慶喜に、「大樹同様厚く御倚頼《いらい》遊ばれ候あいだ、朝家の御為力を竭《つく》し、速やかに追討の功を奏し、誠忠を励むべし、これに依り、御剣一腰これを賜い候事」と、慶喜に対する信頼と長州追討の期待を表明した（『孝明』五―八一八頁）。

不利な戦局を政治的に打開するため、八月十六日に、慶喜は戦争を停止し、かつ諸侯召集を願い出た。朝廷は八月二十一日に休戦の勅命を出し、ついで、諸侯の召集は、徳川慶喜が朝廷の命をうけて召集することになった。おおむね、慶喜の主張どおりに事が運んでゆく。

しかし、朝廷内部からも、幕府べったりの姿勢に批判が出てくる。三条実愛は、八・一八政変、禁門の変で処罰された公家の赦免による朝廷の強化、幕府べったりではない「御立派に御孤立」することを要求した（『孝明』五―七三四頁）。さらに八月三十日には、岩倉具視を黒幕とする二十二人の公家が、「天下の危急この時」と御所に列参――またまた公家の一揆である――し、諸侯召集は徳川慶喜ではなく朝廷が直接召集すること、処罰中の公家の赦免、朝政の改革の三ヵ条を要求した（『孝明』五―八三六頁）。岩倉の王政復古構想の第一歩であった。

この公家列参に対しても、天皇は、朝憲《ちょうけん》（朝廷の法規）を破るものとして処罰した。また公家の処罰であり、天皇の孤立化は目を覆うばかりである。裸の王様に近い。諸大名から見離されつつある幕府、公武合体・大政委任の枠組みにしがみつき、幕府にべったりと寄り添う朝廷内で孤立化した天皇、これが慶応二年のひとつの状況であった。しかし、政治体制変革の動き、王政復古、倒幕の動きが、急速に進展してくる、それが慶応二年のもうひとつの状況であった。

公武合体・大政委任という江戸時代の朝幕関係、ひろく江戸時代の国政の枠組みをあくまでも守ろうとする孝明天皇は、まさに「江戸時代の天皇」そのものであった。しかし、江戸時代の政治体制を変革しようとする動きが強まるなかでは、早晩否定されざるをえなかった。

孝明天皇の死の謎

孝明天皇は、慶応二（一八六六）年十二月二十五日に亡くなった。まだ三十六歳であった。わが国の歴史の転換点という激動のなかに生きた生涯であった。幕末の登場人物は早死が多い。ペリー来日以来の困難な内外情勢の対応に心労した老中阿部正弘は三十九歳、十四代将軍徳川家茂などは二十一歳、かの吉田松陰は三十歳で死去している。病死もあるが、暗殺、処刑など非業の死を遂げた若者も多い。そのような事情からすれば、幕末維新史の立役者のひとりである孝明天皇の三十六年の生涯は、短すぎるとはいえないようである。

一九九〇年後半から翌年はじめにかけて、著名な明治維新史研究者である石井孝氏と原口清氏とのあいだで、孝明天皇の死因をめぐる論争がおこなわれた（『歴史学研究月報』三六八、三七〇、三七二、三七三号誌上）。毒殺説をとる石井氏と病死説をとる原口氏の論争は、医学上の専門的知識をも動員したもので、石井氏によれば死因は胃腸型急性砒《ひ》素中毒、原口氏によれば死因は紫斑性または出血性膿疱性の悪性痘瘡《とうそう》という。

石井氏は、孝明天皇の痘瘡がほぼ回復の域に達した時点で突如病状が急変したこと、死に至る症状が砒素中毒に類似していることに注目し、何者かに砒素をもられた毒殺だと主張している。原口氏は、孝明天皇の痘瘡が紫色に変色した事実に着目し、天皇の痘瘡は黒痘瘡とか紫痘瘡と呼ばれて恐れられた悪性痘瘡であり、それにより死に至ったと主張している。かつて大久保利謙氏は、「毒殺か否かを史料的に決定することは今日ではなかなかむずかしい」(『岩倉具視』、一八〇頁、中公新書、一九七三年)と書いていたし、石井氏も最終的に確定するには孝明天皇陵の調査が必要であるとされている。しかし、その調査が許されるのは何時か、皆目見当もつかない。となると、毒殺か病死かを断定するのは困難というしかない。

広く流布した献毒の噂

孝明天皇の死を毒殺説の立場から、病状、容体の経過を関係史料を通して克明においい、毒殺説に大きな影響を与えたのが、ねずまさし氏「孝明天皇は病死か毒殺か」(『歴史学研究』一七三号、一九五四年)である。この論文から、死に至る経過を紹介しよう。慶応二年十二月十一日には、御所で内侍所《ないしどころ》臨時御神楽があったが、その日天皇は風邪気味だった。十三日になると、不眠を訴え、発熱し、食欲不振に陥り、うわごとをいうようになり、痘瘡の疑いが出たので典医《てんい》が診察し、痘瘡と診断した。高熱が続いたが順調な経過をたどり、水疱から膿疱を経て、二十三日ころには乾燥しはじめた。典医は全体として順症（経過は順調の意味）と診断しているが、原口氏が着目したように、十八日から十九日にかけて痘瘡が紫色ないし黒色に変色している。

周囲からは順調とみられた容体が、二十四日の夜になって急変し、激しい嘔吐と下痢が続き、危険な状態となり、「御九穴より御脱血」「顔面の紫の斑点、吐血、脱血」と記録されるような苦しみとともに、二十五日の午後十一時ころに亡くなった。かなり苦しみぬいた死だったようである。その死は秘され、二十九日に公表された。

容体のあまりの急変（と周囲からはみられている）、「御九穴より御脱血」という尋常ではない苦しみの様子、そしてその死が四日ほど秘されたことから、朝廷内部に毒殺の噂がたった。明治天皇の外祖父にあたる中山忠能《ただやす》は、女官の浜浦なる女性の手紙を日記『中山忠能日記』第三（日本史籍協会叢書、一九一六年）の慶応三年一月四日の条（七頁）に収めている。そこには、

この度御痘、まったく実疱には在らさせられず、悪瘡発生の毒を献じ候、その証は御容体は大秘、御内の者も一切承らず、かつ二十五日敏宮を達て止められ候えども、押し切って御参るなどは怪しかるべき第一と、この後何様の陰計企て候も計りがたき由、世上もっぱ

ら唱え、危うき由、

と記されている。孝明天皇に毒を献じたという、献毒の噂である。近親者も孝明天皇に近付けず、秘そうとしたことが何よりの証拠とされている。また、イギリスの外交官アーネスト・サトウも、数年後の日記に「内幕によく通じている一日本人によって、私は帝（孝明天皇）が毒殺されたのだということを信じるようになった」と書いているそうだ。毒殺説は、かなり広く噂されていたようである。

毒殺としてその首謀者には、岩倉具視の名前が取り沙汰されている。しかし、大久保利謙氏は疑問視されている。これも仮定のうえの推定であるから決め手はない。

明治天皇の枕もとに

毒殺の噂とともに、孝明天皇の亡霊が現われたという噂が流れた。『朝彦親王日記』下巻（日本史籍協会叢書、一九二九年）の慶応三年一月五日の条（二六八頁）に、

さてこの度御異例、この義は大行《たいこう》天皇（孝明天皇）御側《そば》の人々、何分異形物御咄《はなし》これ有り候ことの由なり、現われ候由、俗に鍾馗《しようき》ノカタチノヨウニ、ウワサこれ有り候、

また、一月十二日の条（二七二頁）に、

践祚《せんそ》より御三間《おさんのま》へ成らせられ候後、ますます先帝（孝明天皇）昼夜ともに新帝（明治天皇）にばかり御見上の由、さてさて困り候ことの由伝え承り候なり、

と記されている。

践祚した新天皇である明治天皇のところにばかり、鍾馗のような姿かたちで、昼夜を問わずに現われたというのである。そこで朝彦親王は、怨霊退散の加持祈禱を依頼している。さらに、岩倉具視にあてた一月十七日の千種有文《ちぐさありふみ》の手紙にも、「新帝には毎夜々御枕へ何か来たり、御責め申し候につき、御悩みと申すことにて、昨日申し上げ候とおり、御祈禱仰せ付けられ候とか、実説の由に候」（『岩倉具視関係文書』第三―二七七頁、日本史籍協会叢書、一九三〇年）と記されている。

ここには、孝明天皇の亡霊とは書いていないが、明治天皇の枕もとに夜な夜な何かが現われ、天皇を責めるという。なにものかは、おそらく孝明天皇と目されていただろう。このウワサも、本当かどうかは定かではない。だが、孝明天皇の亡霊が現われることがまことしやかに噂される雰囲気が朝廷内にあったということだけはいえる。

「江戸時代の天皇」孝明天皇の死後、子の明治天皇が践祚したが、幼帝ということで摂政が

おかれ、天皇の意向を考慮する必要なく宮廷クーデターが急速に進展し、王政復古へと突き進んだ。その結果、孝明天皇は名実ともに江戸時代最後の天皇となったのである。

おわりに

「はじめに」で指摘しておいたが、本書のモチーフは、孝明天皇が幕府の求めるままに通商条約を勅許していたら、その後のわが国の歴史は大きく変わっていたのではないか、それゆえ、通商条約反対を貫いたことは、歴史的に重要な意味をもっていたのではないかというところにあった。そこで、幕府は天皇から通商条約の許可をうけることにより国論を統一しようとし、また幕府に反対する勢力も天皇に依存するという、江戸時代中期にはとうてい考えられない高度な権威を、天皇・朝廷はいついかにして身に着けたのか、また、孝明天皇は通商条約反対をなぜ貫くことができたのか、その精神史的な背景に何があったのかを考えようとしたのである。さらに、その天皇が、朝廷内部で孤立し、その死に関して毒殺説が囁かれざるをえなかった理由を探ってみようとしたのである。

十八世紀末という江戸時代の転換点にあって、朝廷では光格天皇を中心に、神事や儀礼の再興・復古が集中的におこなわれるなど、天皇・朝廷の神聖（性）と権威を強化する試みが、主体的にかつ執拗に続けられていた。朝廷の権威を求める当時の客観情勢とあいまって、政治、思想、宗教などのさまざまな分野で天皇の存在がクローズアップされ、その政治的、思想的、宗教的権威は強化された。しだいに高度な権威を身に着け、幕府からもその反対勢力からも依存される存在、依存されうる権威となったのである。たんに利用されたのではなく、天皇・朝廷勢力の主体的で、執拗な「闘い」を見落としてはならない。

またその過程で、天照大神に連なる神武天皇以来の神聖な皇統という意識に裏付けられた君主意識が、強く打ち出されてきた。神聖な皇統意識・君主意識は、さらに肥大化されて孝明天皇に受け継がれ、通商条約に反対する精神史的バックボーンとして重要な政治的役割を果たした。もちろん、この神聖な皇統意識、君主意識が、近代天皇制にも明瞭な形で、しかも強化されて引き継がれたことはいうまでもない。ただたんに世界情勢に疎いからやみくもに通商条約に反対したのではなく、光格天皇以来強まった神聖な皇統意識、君主意識の存在を見落としてはならない。

孝明天皇の鎖国攘夷主義は、当時の客観的な国際情勢からすれば、国家と、天皇の存在すら危うくする危険きわまりない冒険主義である。しかし、それにより攘夷主義的、民族主義的エネルギーを掘りおこし、かつ結集することができ、政治的カリスマにまで昇りつめた。この著しい天皇の「政治化」は、一歩誤るとその存在を危うくする可能性を秘めている。幕末の天皇は、薄氷を踏むおもいの連続であった。孝明天皇は、政治の流れが王政復古、倒幕に傾きはじめたにも拘らず、なお公武合体・大政委任という江戸時代の政治的枠組みを固持しようとし、頑固に「江戸時代の天皇」にとどまろうとしたため、大局的動向に抗する存在となってしまった。それが孝明天皇の限界であった。倒幕運動が強まるなかで、天皇が相変わらず幕府べったりでは、大橋訥庵《とつあん》が文久元（一八六一）年に鋭く指摘した、「天朝モ亦《また》幕府ト倶《とも》ニ顚覆《てんぷく》」「所謂倶斃《いわゆるともだお》レ」（「政権恢復秘策」）という事態になりかねない。もちろんこの時点で、倒幕運動、新国家構想に天皇は不可欠であったから、「幕府ト倶ニ顚覆」する可能性は乏しかった。天皇という器は不可欠だが、生身の孝明天皇は妨害者という存在になってきた。そこに毒殺説が囁かれる根拠があるのではないか。

孝明天皇の死後に、天皇という器に幼帝明治天皇を入れ、器としての天皇をかついだ勢力が、王政復古、倒幕、明治政府へと急転回してゆく。

参考文献

●本書執筆にあたりとくに参考にさせていただいた著書、論文を一括して掲げておく。

朝尾直弘『日本の近世1　世界史のなかの近世』中央公論社　一九九一年
石井　孝『日本開国史』吉川弘文館　一九七二年
井上　勲『王政復古』中公新書　一九九一年
井上勝生「幕末政治史のなかの天皇」『幕末維新政治史の研究』塙書房　一九九四年
大久保利謙『岩倉具視』中公新書　一九七三年
小野正雄『幕藩権力解体過程の研究』校倉書房　一九九三年
高木昭作「秀吉・家康の神国観とその系譜」『史学雑誌』第一〇一編第一〇号　一九九二年
高埜利彦「江戸幕府の朝廷支配」『日本史研究』第三一九号　一九八九年
『講座・前近代の天皇第2巻　天皇権力の構造と展開2』青木書店　一九九三年
辻　達也編『日本の近世2　天皇と将軍』中央公論社　一九九一年
遠山茂樹『明治維新と天皇』岩波書店　一九九一年
ねずまさし「孝明天皇は病死か毒殺か」『歴史学研究』第一七三号　一九五四年
原口　清「近代天皇制成立の政治的背景」遠山茂樹編『近代天皇制の成立』（岩波書店　一九八七年）所収
「文久三年八月一八日政変に関する一考察」明治維新史学会編『幕藩権力と明治維新』（吉川弘文館　一九九二年）所収
尾藤正英「水戸学の特質」『日本思想大系53　水戸学』（岩波書店　一九七三年）所収
深谷克己『近世の国家・社会と天皇』校倉書房　一九九一年

福地重孝　『孝明天皇』秋田書店　一九七四年
水林　彪　「幕藩体制における公儀と朝廷」『日本の社会史3　権威と支配』（岩波書店　一九八七年）所収
宮地正人　『天皇制の政治史的研究』校倉書房　一九八一年
安丸良夫　『近代天皇像の形成』岩波書店　一九九二年

●著者がこれまでに書いた本書のテーマと関わる論文等をあげておく。
「天明の『勅書』」『日本歴史』第四九〇号　一九八九年
「寛政期の朝廷と幕府」『歴史学研究』第五九九号　一九八九年
「『天皇号』の再興」『別冊文藝　天皇制』河出書房新社　一九九〇年
「大塩事件と朝廷・幕府」『大塩研究』第二八号　一九九〇年
「国政に対する朝廷の存在」辻　達也編『日本の近世2　天皇と将軍』（中央公論社　一九九一年）所収
「寛政内裏造営をめぐる朝幕関係」『日本歴史』第五一七号　一九九一年
「近世朝幕関係の転換」『歴史評論』第五〇〇号　一九九一年
『松平定信』中公新書　一九九三年

原本あとがき

幕末維新史の研究者にとって、孝明天皇が日米通商条約の勅許を認めないことなどは自明の前提かもしれない。しかし、江戸時代史の研究者にとっては、なぜ勅許しなかったのか、なぜ幕府は勅許を得ようとしたのか、俗な言い方をすれば天皇はそんなに偉かったのか、ということになるが、そう簡単に理解できることではない。そこで、十八世紀末以降の天皇の位置の変化を追うなかでそのことを考えようとしたのが本書である。

参考文献に掲げておいたように、著者が個別的な検討をおこなったのは、十九世紀半ばまでで、光格天皇の時代のみである。そのため、十八世紀末以降、江戸時代後期の天皇、朝幕関係の研究から、幕末維新期を見通すとどうなるのかという観点から論じる内容に終わっている。その観点から、孝明天皇の部分については実に多くの先学の労作を使わせていただいた。末筆ながらお礼申し上げる次第である。

本書のようなテーマで一冊の本を書くには、まだまだ相当な時間が必要だと、書く前も、また書き終えてからも痛感している。拙い内容であるが、そんなに書く機会と条件があるわけでもないことは承知しているので、思い切って書いてみたというのが正直なところである。講談社選書出版部の鷲尾賢也氏の「説得的」なおすすめとおだてにのって、出版させていただいた。同部の藤岡啓司氏には、実務的なことで大変にご迷惑をおかけした。お礼申しあげたい。また最後に、小心者で意気地なしの私を、日頃ささえてくれる老母や妻と三人の子供にも感謝したい。

一九九四年八月

藤田　覚

学術文庫版あとがき

政治的に無力だった天皇がなぜ近代天皇制へ復活を遂げたのか、それを解き明かすことが日本史研究の重要な課題である。

近現代の歴史の出発点は幕末維新変革であり、その歴史過程をみると、欧米列強の圧力と天皇の存在がきわめて重要だったことに気づく。幕末維新変革の歴史過程で、天皇はいつも政局の焦点にいた。幕府側も幕府に抵抗する勢力も、天皇を自らの陣営に取り込もうとした。

しかし、渦中の孝明天皇は頑迷固陋な攘夷主義者にすぎないと説明され、次の明治天皇は権威も政治力も持ちえない少年だった。にもかかわらず、激動の政局の焦点となり明治新政府の頂点に据えられるほどの絶大な権威を持っていた。つまり、生身の天皇ではなく、天皇という称号、あるいは器こそが権威だった。

そのような強い権威を帯びた天皇はいつどのようにして生まれたのか。

江戸時代の天皇は、古代的権威、伝統的権威と言われても具体的な内容がなく、国家公権の重要な要素と説明されても、幕末維新期になぜ重要な役割を果たすことができたのかわからない。そこで、幕末政局のなかで政治の焦点となり、近代天皇制へ復活できるだけの強い権威をどのようにして身につけたのかを、十八世紀末からの光格と孫の孝明という二人の天皇に焦点をあてて具体的に明らかにしようと試みた。

本書は、ある評論家から「日本人の必読書」のひとつとまで評価された。また、従来その名を知られていなかった光格天皇が、歴史上かなり特異で重要な人物であることを認知されるようになった。十八世紀末から十九世紀初頭が、日本近世史の転換点、つまり幕末維新変革の起点となったことは、一般読者向けの書物や概説書などでも承認され、高等学校の日本史教科書にも天皇権威の浮上が取り上げられるようになった。

光格天皇について最近かかわったことから紹介してみたい。それは、本書ではまったく触れていない生母のことである。

生母は大江《おおえ》磐代《いわしろ》君という。二〇一二年十月から十一月にかけて、鳥取県倉吉市の倉吉博物館が没後二百年を機に特別展覧会「大江磐代君顕彰展」を開催した。見応えのある展覧会の講演会に招かれたのだが、生母について不明にしてよく知らなかった。

光格天皇は、閑院宮家の王子から後桃園天皇の養子になり皇位を嗣いだ。江戸時代は天皇の子女が皇位についてきたのに対して、宮家の出自のため周囲から軽く見られ、自身も傍系・傍流をたえず意識せざるをえなかったことはわかっていた。母は閑院宮典仁親王の妃、養母は後桃園天皇女御とされていたので、生母について関心がなかった。

ところが生母は、現在の倉吉市内に生まれ、鳥取池田家の家老の家臣でその後浪人となった家の娘だった。さまざまあって閑院宮の女房となり、光格天皇を生んだ。しかし、天皇になるや、生母の存在は表面から消えた。

天皇の生母は多く公卿の娘なので、それに比べ格段に身分が低い。光格天皇の実父典仁親王の宮中の席次は三公（太政大臣・左右大臣）の下、生母は平人の子であった。天皇を支える父である前天皇や生母の実家の公家がない。頼りにする後ろ楯のない辛く心細い立場である。それを乗り越えて朝廷に君臨して天皇権威の上昇を果たし、血縁上は現在の天皇家の祖となった。「逆境」をバネとしたその生涯と肖像画にみる静かな微笑みをどう整合的に考えたらよいのか、という関心を抱かせてくれた。

なお、江戸時代の天皇の全体像については、拙著『天皇の歴史06　江戸時代の天皇』（講談社、二〇一一年）を参照していただきたい。

二〇一三年一月

藤田　覚

KODANSHA

本書の原本は、一九九四年九月、小社より
講談社選書メチエとして刊行されました。

藤田　覚（ふじた　さとる）

1946年，長野県生まれ。千葉大学文理学部卒業，東北大学大学院博士課程修了。東京大学名誉教授。文学博士（東北大学）。専攻は日本近世史・近世政治史。著書に『幕藩制国家の政治史的研究』『天保の改革』『松平定信』『水野忠邦』『近世政治史と天皇』『近世後期政治史と対外関係』『江戸時代の天皇』『泰平のしくみ』などがある。

講談社学術文庫

定価はカバーに表示してあります。

幕末《ばくまつ》の天皇《てんのう》

藤田《ふじた》　覚《さとる》

2013年２月12日　第１刷発行
2024年10月４日　第６刷発行

発行者　篠木和久
発行所　株式会社講談社
東京都文京区音羽 2-12-21 〒112-8001
電話　編集（03）5395-3512
販売（03）5395-5817
業務（03）5395-3615

装　幀　蟹江征治
印　刷　株式会社ＫＰＳプロダクツ
製　本　株式会社国宝社
本文データ制作　講談社デジタル製作

ISBN978-4-06-292157-2

「講談社学術文庫」の刊行に当たって

これは、学術をポケットに入れることをモットーとして生まれた文庫である。学術は少年の心を養い、成年の心を満たす。その学術がポケットにはいる形で、万人のものになることは、生涯教育をうたう現代の理想である。

こうした考え方は、学術を巨大な城のように見る世間の常識に反するかもしれない。また、一部の人たちからは、学術の権威をおとすものと非難されるかもしれない。しかし、それはいずれも学術の新しい在り方を解しないものといわざるをえない。

学術は、まず魔術への挑戦から始まった。やがて、いわゆる常識をつぎつぎに改めていった。学術の権威は、幾百年、幾千年にわたる、苦しい戦いの成果である。こうしてきずきあげられた城が、一見して近づきがたいものにうつるのは、そのためである。しかし、学術の権威を、その形の上だけで判断してはならない。その生成のあとをかえりみれば、その根は常に人々の生活の中にあった。学術が大きな力たりうるのはそのためであって、生活をはなれた学術は、どこにもない。

開かれた社会といわれる現代にとって、これはまったく自明である。生活と学術との間に、もし距離があるとすれば、何をおいてもこれを埋めねばならない。もしこの距離が形の上の迷信からきているとすれば、その迷信をうち破らねばならぬ。

学術文庫は、内外の迷信を打破し、学術のために新しい天地をひらく意図をもって生まれた。文庫という小さい形と、学術という壮大な城とが、完全に両立するためには、なおいくらかの時を必要とするであろう。しかし、学術をポケットにした社会が、人間の生活にとってより豊かな社会であることは、たしかである。そうした社会の実現のために、文庫の世界に新しいジャンルを加えることができれば幸いである。

一九七六年六月

野間省一

日本の歴史・地理

2709
源氏の血脈　武家の棟梁への道
野口　実著

平氏と同じく都で栄達をめざす軍事貴族だった源氏は、いかにして東国武士団を統合し、「鎌倉殿」として七百年におよぶ武家の歴史に君臨したのか。為義、義朝、頼朝、義経。三代四人の栄光と挫折、長期戦略を検証する。

電P

2712
官僚の研究　日本を創った不滅の集団
秦　郁彦著

出自、学歴、給料、天下り先…。データで解明するエリート集団の歴史と生態。やはり「藩閥」「東大卒」が強いのか？　明治の「官員さん」から、戦前昭和の「革新官僚」、現代の「官邸官僚」まで、怪物的存在の実像。

電P

2714
攘夷の幕末史
町田明広著

日本人は誰もが「攘夷派」だった！　これまであまり顧みられなかったロシアの脅威や朝陽丸事件などに着目し、江戸時代を通して醸成され、幕末に沸騰した攘夷思想という日本人の対外認識の原型に迫る、画期の書。

電P

2721
北条時宗と安達泰盛　異国合戦と鎌倉政治史
村井章介著

十三世紀日本に迫るモンゴルの嵐。立ち向かったのは悩み多き若き執権と、硬骨の革新政治家だった。血なまぐさい権力闘争に明け暮れる鎌倉政治史を、外交、宗教、美術など多様な視点から立体的に編み上げた労作！

電P

2725
ペリー日本遠征随行記
サミュエル・ウェルズ・ウィリアムズ著／洞　富雄訳（解説・西川武臣）

われわれは略奪の旅にやって来たのか？　提督ペリーへの冷静な視線と、庶民への優しい眼差し。下田では密航を企てる吉田松陰を諭し、琉球では裁判官の道徳に感嘆する。艦隊の首席通訳官による幕末日本訪問記。

電P

2735
日本の珈琲
奥山儀八郎著（序・古波蔵保好／解説・旦部幸博）

珈琲は、いつ、どのように日本に伝わり、広まったのか。世界の珈琲発見伝説から日本初の珈琲店まで、江戸から明治にわたる膨大な史料を渉猟し、驚きに満ちた珈琲の歴史を明らかにする。生活文化史の古典。

電P

日本の歴史・地理

2736
清水克行著
室町社会の騒擾と秩序［増補版］

流罪なのに殺され、復讐のため自害する――。一見、物騒で過酷な中世社会だが、その背後には独自の秩序と論理が存在していた。〈野蛮〉で〈奇妙〉な社会の魅力を動的かつ大きな展望のもとに描いてきた著者の原点。

2758
大石慎三郎著
天明の浅間山大噴火
日本のポンペイ・鎌原村発掘

「地獄というものも、これほどひどくはないだろう」――そのとき、山に、村に、何が起こったのか。史料と発掘調査から、当時の村の状況、被害の実態、そして人々が相対した現実に迫る、驚天動地の歴史ドキュメント。

2767
早島大祐著
室町幕府論

弱体政権論を覆す！　足利政権が京都の強大な経済力を背景に権力と権威を掌握し、朝廷を凌ぐ威光を確立してゆく過程を、絶頂の義満時代を軸に鋭い筆致で描く。室町幕府とは何だったのかを読み直す画期的論考。

2774
秦　郁彦著（解説・大木　毅）
明と暗のノモンハン戦史

謎に包まれていた戦闘の実態は、九〇年代に公開された旧ソ連軍の資料で明らかになってきた。日本陸軍が初めて「敗北」した時、何が起こっていたのか。戦史研究の第一人者による決定版。毎日出版文化賞受賞作。

2790
倉本一宏著
藤原道長「御堂関白記」を読む

摂関期政治の現場から家庭生活と精神世界までを描く世界最古の自筆本日記を、古記録研究者が徹底的に分析して、道長の怒り、愚痴、悲しみを直筆から読み解く。原本写真・翻刻・現代語訳・解説がそろった決定版！

2794
永嶺重敏著
読書国民の誕生
近代日本の活字メディアと読書文化

日本人はなぜ「読者」になったのか？　活字メディアの流通・旅行読者の移動・新聞縦覧所および図書館の普及による「読む国民」誕生の過程を、出版文化研究の第一人者が活写。私たちの読書生活の起源がここにある！

《講談社学術文庫　既刊より》